Gefilden
Am Ende Traf Ich Mich
Mein Element
Zukunftsblick
Traumwelt
So Gesehen
Bürger Im Land
Letzte Reise
Unvergessen
In Erinnerung
Abschied Nehmen
Engelsflügel
Ewigkeit
Hinfort
Leis Im Wind
Durch Die Wolken
Mein Bild Von Dir
Spekulatius – König Der Weihnacht
Merve Und Koffy
Leben Und Tod
In Farbe Auf Papier
Mehr
Lieder
An Diesem Tag
Fotoalbum
Mein Leben, Der Weg Den Ich Ging
Herzmensch
Herz Und Feder
Die Reise
Längengrade

Liebe Leserinnen und liebe Leser,

ich begrüße Sie alle ganz herzlich zu meinem zweiten Band der ENTGEGEN DER ZEIT – Anthologie des Lebens.

Auch in diesem Band habe ich wieder sehr unterschiedliche Texte aus verschiedenen Gefühlslagen beschrieben und in diesem Band zusammengefasst.

Nehmen Sie an dieser Reise teil. Betrachten sie aus ganz unterschiedlichen Blickrichtungen, diese emotionalen Momente. Lassen sie diese auf Sie wirken.

Ich wünsche Ihnen eine angenehme Reise durch diesen Band und es freut mich sehr, wenn ich Ihnen mit diesen Zeilen wieder etwas näherkommen kann. Denn es sind Texte die ich aus Liebe zur Sprache verfasste und mit Herzgefühl an Sie, liebe Leserinnen und liebe Leser heranbringen möchte.

Herzliche Grüße und eine gute Zeit wünsche ich Ihnen.

Christian Hofmann

Willkommen Neues Jahr

Es sind die schönsten Zeilen
Aus den geilsten Zeiten
Mit vollem Herzgefühl
An manchen Stellen auch am Leiden

Ich schreibe nieder was ich kann
Ich hoffe es kommt bei euch an
Jeden Tag aufs Neue, klar!?
Wieder geht ein Jahr

Ich sage DANKE!
Allen die es verdienen
Auch denen die mir den Erfolg missgönnen
Ich mache weiter auch dank ihnen

Meinen herzlichen Dank
An alle die mich lieben
Auch die, die mich nicht mögen!
Ihr werdet auch die Ohren voll kriegen

Danke meinen Liebsten
Meiner Familie, meinen Freunden
Ich trinke auf mich und auf euch
Auf alle Ziele und auf all die Träume

Frankfurter Fanpost – Von Südwest Bis Nordost

Ich weiß, was ich jetzt hier sage, kann man falsch verstehen – (falsch verstehen). Also genau hinhören und genau hinsehen! Als ich begann meine Texte zu schreiben, sie zu verfassen, waren es Tage und ich lag in meinem Leiden (ich war am Leiden). Es gab Vorbilder, ich wollte ihnen nacheifern, nah an sie reifen.
Dabei machte ich es mir gar nicht einfach (es war nicht einfach). Denn mein schulischer Werdegang, war alles andere als das – (da war nur Leere und Hass)! Als Außenseiter drückte ich die Schulbank. Wo ich als Außenseiter stand!? Das war der letzte Platz an der Wand, also unterster Rang man! Alles unvorstellbar, dass ich es selbst heute kaum glauben kann!
Anfangs war ich alleine (da waren viele Feinde)! Dann waren wir später Außenseiter, wir beide! Mit 20 hielt er es nicht mehr aus und setzte seinem Leben ein Ende (das Ende)! Ich begann zu schreiben, mit unserm Blut an meinen Händen. Versteht mich nicht falsch, doch ich hatte eine Familie im Nacken, sie war mein starker Halt! Doch für meinen Kumpel gab es nur häusliche Gewalt. Mit mir ist er in der Schule, dann auf die Fresse zu Boden geknallt. Ich hatte wahrhaft nicht viel Freunde, aber meine Familie. Doch verdammt was hatte er – außer Terror in der Schule und zu Hause mit dem Stiefvater Kriege (ich hoffe er fand seinen Frieden)!
Ich liebe diesen Kult und diese Kunst. Das Besondere dieser Frankfurter Szene. Mukke von den onkelz und Moses Pelham, ist das wonach ich mich echt sehne! Ich

rede nicht nur fein um das Mäulein, Fräulein! Nein! Das ist meine Anerkennung. Kein Neid und keine Täuschung. Nein! Denn ich liebe ihre Worte und ihre Ehrlichkeit. Ihre Texte sind voller Menschlichkeit und auch Leidenschaft. Wahre Werte, die sie transportieren, was draußen von den Pennern keiner schafft.

Frankfurts ganzer Stolz. Niemand kann mir sagen, Gott hat es nicht so gewollt. Diese wahre Lieblichkeit. Sie haben mich aufgefangen, in tiefem Schmerz und in der verdammten Dunkelheit.

Auf die onkelz und Moses Pelham lasse ich nix kommen! Wenn du Penner das nicht checkst, hat unsere Freundschaft ein Ende, dabei hat sie nicht einmal begonnen! Das hier ist keine Scheiße, weder Schleim noch Rotz. Das hier ist meine ganz persönliche, ehrenvolle Fanpost!

Das ist Frankfurter Fanpost – von Südwest – bis Nordost!

Neue Akzente

Das sind neue Akzente. Von der Geburt bis zur Rente. Ich gebe alles was in mir steckt, vom Anfang bis zum Ende! Ich schreibe und leide, leide und schreibe – wird es mir zu eng, dann suche ich das Weite, bei Längengrad und Längenbreite! Ich gebe was ich kann, schon mein Leben lang, seit dem Anfang an. Wurde es jemals geschätzt? Fang mir erst gar nicht damit an! Dann wäre es niemals so weit gekommen, doch jetzt liegen Wege an meinen Straßen dran!
Klecks auf dem Kittel, zu ehrlich gewesen – waren vielleicht die falschen Mittel! Doch ich bin froh wie ich bin, bin weder Sekte oder Sitte – ich bin ganz nah bei mir.
– GONG –
Ich bin in meiner Mitte!
So viele Falsche Leute, von damals noch bis heute. Damals war es noch nicht meine Zeit, heute erkenne ich ihren ekelhaften Neid! So abscheulich und es tut mir nicht mal leid! Alles kommt im Leben, auf einen zurück – für mich kommt jetzt meine Zeit, was soll ich sagen, verdammt ich bin bereit.
Neue Akzente – vom Anfang bis zum Ende. Ich gebe nicht auf, ich breche nichts ab. Alles was ich gebe, ein Versprechen, denn jetzt geht es ab! Ausdrücke und Gewaltausbrüche, ich messe mich doch nicht mit euch, ihr seid die Füchse, ich bin der Jäger – nehmt Acht vor meinen Schüssen!

Von Leichter Hand

Von leichter Hand schreibe ich die Verse
Die in meinem Kopf entstehen
Um sie in alle Welt zu entsenden
Wo sie für alle Zeit bestehen

Wie lang auch die Strecke ist
Die wir zurückgelegt haben
Jeder Schritt, sogar Umweg
Führte uns dorthin, wo wir nun sind
Dies sollten wir nicht vergessen
An keinem unserer Tage

Raum und Zeit – Zeitraum
Traum und Sein, sein Traum
Nah und Zeit – zeitnah
Erde, Sonne, Mond und Stern
Ein Teil des Lebens, dieser Welt
Dass bin ich sehr gern

Nimm dir Zeit, lebe den Moment
Nehme ihn wahr
Luft zum Atmen, Freude des Lebens
Alles was du brauchst ist da

Das Einfachste
Was uns glücklich macht und nicht teuer ist
Ist ein kleines
Und ehrliches Lächeln im Gesicht

Der Schein und das Sein
Wollen allzu oft sehr gern gemeinsam eins sein
Doch der Schein er trügt
Doch das Sein nicht lügt
Bei diesem Schauspiel
Sind die Beiden oft vergnügt

Die Gedanken sind überfüllt
Alles im Kopf kreist durcheinander
Fühlt sich an wie – ein Fall in die Tiefe
Alles bricht und reißt auseinander

Eine scheinbar seelenlose Zeit
Wartet hoffnungsvoll auf
Wärme, Licht und Geborgenheit
Die Heimat ist fern
Der Planet formt sich –
Wie zu einem verlorenen Stern
Kälte, Frost und Dunkelheit
Ich möchte fort aus dieser Zeit

Können Worte trösten
Können Lieder Wunden heilen
Glaube oder Fakt
Mir hilft das Schreiben dieser Zeilen

Bei allem was kommt
Ist auch alles was geht
Zeit hat (k)einen Bestand
Weil sie vergeht, ewig aber doch besteht

Ungebetener Gast

Der Kopf ist voll, das Herz ist schwer
Gedanken im Überfluss, der Tag so leer
Welch ein Gefühl verspüre ich da
Ein ungebetener Gast, er ist wieder mal da

Er umarmt mich mit Kälte
Seine Küsse sind so eisigkalt
Der Gast ist so lange schon unerwünscht
Schon so vertraut und Tage alt

Er beklemmt mich, ist um mich herum
Seine Anwesenheit ist unschön
Ich wünsche mir und sage ihm
Du darfst gerne, bitte wieder gehen

Gedankliches Chaos
Ungemütlich ist seine Stimmung
Er lässt mich nicht los
Verdammt nochmal! Was willst du denn bloß

Lass mich allein, weil ich allein sein will!
Ich möchte leben und vergessen
Jeden Kummer und jede Träne
Alles war da, verdammt! Warum bist du da?

Manchmal bin ich frei bei dir
Manchmal auch gefangen mit den Gedanken auf dem
Papier
Mal darf ich meine Träume hier beschreiben und teilen
Mal bin ich traurig, nicht am Weinen, doch am Leiden

Bittersüße
Schmerzhafte Traurigkeit
Sie macht sich breit
Zu schwerer Zeit

Ich bin so hilflos
Gelähmt und so starr
Besinne ich mich
Oder bin ich bloß ein Narr!?

Amen

Ich möchte es doch so gerne schaffen. Es mir selbst beweisen. Dass nix umsonst war, keine Zeile, keine Seite, zu keiner Zeit. All die Stücke von meinem gefühlten Leid! Ich will nur meine Freiheit, ich bin dieser Freigeist der weiß, was wirklich frei sein heißt. Dieses große Ziel für das ich sterbe. Mein schönes, wahres, großes Lebensgefühl. Wenn du nicht verstehst wovon ich rede, so sollst du eines Tages erkennen, du sollst es blicken, das ist für das. So wahr ich für dich bete. Amen!
Gott du weißt, wie sehnlichst mir dieser Wunsch ist, dieses Ziel an das ich glaube. Oft wünschte ich mir von dir ein Zeichen, oft empfand ich so etwas, als sehe ich es mit meinen eigenen Augen. Wir sind tot und haben verloren, wenn wir nicht mehr glauben!
Ich will leben, so wie es in meinem Kopf ist. Das wahre Leben, mit dem wahren Gefühl. Nichts kommt auch nur annähernd da dran. Ich glaube fest daran – an mein Lebensgefühl, meines Lebens, großes Ziel.
Wie viele auch schon gingen und kamen, habe Erbarmen. Amen!

Das Zeichnet Mich Aus

Sehnsucht, Wunsch und Traum
Alles unter einem Dach
In den vier Wänden, diesem Raum
Schreiblust, sein und werden
Die Ziele verfolgen
Siegreich sein und werden

All das bin ich
All das zeichnet mich aus
Ein Leben frei vom Sinn
So eines, das halte ich nicht aus

Strukturen, Wege und Zeichen
Allem will ich folgen
Wo es nicht weiter geht, da stelle ich die Weichen
Spuren setzen, markieren und zeigen
Alles was ich will
So weiß ich, kann ich auch erreichen

Frei sein
Von Form und jeder Norm
Frei bleiben
Bedenkenlos und groß

All das bin ich
Ja all das, es zeichnet mich aus
Ein Leben ohne Sinn
Male ich mit meinen Farben aus

Haifischbecken

In jeder meiner Zeilen steckt ein Hauch Persönlichkeit, Siege und Niederlagen aus längst vergangener Zeit. Alles was ich gebe und nach außen trage, sind Schritte meiner Wege, Ziele und meines Lebens Teile. Dies ist meine ganz persönliche Seite, alles was war und wie ich lebe, liebe und leide. Seit der Kindheit mein Kampf mit der Angst, viele Lebensziele – um zu gewinnen, gegen das warum du bangst. Schreibtherapie, so laute Schreie wie noch nie, doch der Schmerz bleibt wo er sitzt. Du musst dich selbst kennenlernen und vergesse dich nie, zerstöre nicht dich selbst – denn es raubt dir Lebensenergie. Kampf ansagen – Kampf annehmen, bleibe am Boden und gewinne dein Leben. Kampfansage – Kampfannahme, lass den Kämpfer aus dir raus, sage deinen Namen und spreche ihn aus.

An manchen Tagen habe ich das Gefühl, dass mir mein Kopf zerspringt. Alarmsignal – Feuermelder, feuerrot und alles lichterloh am Brennen. Die Tage schießen vorbei, im Kopf da steckt das schwere Blei. Schmerz, Hass, Wut und Trauer – Nebeltage und endlos scheint der Regenschauer. Keiner weiß wie es ist, mit dunklen Schatten und bösen Geistern. Ständig dieser Druck, es zählt nur etwas zu leisten. Ich bin auch im Haifischbecken, Piranhas sind von der Leine. Doch jetzt komme ich, ich mache den Monstern Beine! Ich beiße mich durch, mit meinen Ecken und meinen Kanten. Die Piranhas und Haifischchen im Becken, sie verschwanden. Immer funktionieren, so wie sie es wollen. Das ist lebend langsam zu sterben, in

Vollendung. Das ist leben wollen, ohne Luft zu atmen. All unser Leben für sie geben, unsere Zeitverschwendung. Ich will auf Kommando nicht mehr springen, Kopf herunterfahren fällt so schwer. Habe die Schnauze voll! Aufs eigene Leben habe ich Bock und zwar immer mehr!

Eines Tages, da breche ich aus. Ich schwöre euch, dann hält mich von euch, niemand mehr auf. Mein ganzes, verficktes Leben lang, ging ich kaputt auf meinem Werdegang. Immer gewissenhaft und der Pflicht bewusst. Für alle funktioniert, nur in mir war harter Frust. Abgefuckt, abgekackt, ich habe gelitten wie ein Hund. Schmerzen die mich begleiten, Seele entzündet und total wund. Ich habe gekämpft, wie ein Krieger. Denn ich wollte gehen, wie ein Sieger. Immer an das Gute geglaubt, gehofft und gebetet. Ihr Ficker, ihr habt nix getan. Außer über Christian geredet. Ich wünsche euch alles, aber nix Gutes dieser Welt. Nur all das, was ihr so verdient, habe für euch Dreck bestellt. Ich habe nie darum gebeten, doch so läuft es halt im Leben. Die Scheiße wird immer, von oben bis nach unten durchgetreten. Man sieht sich meistens, ein zweites Mal im Leben. Das wird gewiss anders, wie sich – das erste Mal begegnen. Dies hier ist keine Lachnummer, es sind Texte für Menschen. Menschen mit Frust auf der Seele und mit dem Herzen voller Kummer! So schreibe ich und schreibe ich, weil ich gar nicht anders kann. Ich befreie meine Seele, fange so tief im Innern an.

Dies hier ist die andere Seite, die mich immer wieder dazu bringt, alles anzuzweifeln. Warum soll ich immer wieder schreiben, was bringt es mir und wenn oder was, kann ich schon erreichen. Es macht es mir nicht leicht, doch trotzdem schreibe ich wieder, immer wieder weiter, immer neue Zeilen.

K.O.K.O. - Kopfkollaps

Es sind die Zahlen auf den Scheinen, das Geld wie man es auf dieser Welt benennt. Damit hält man die Menschen klein, scheißegal wie es uns gefällt. Die Psyche zelebriert, kollabiert, ist überstrapaziert. Die Seele quält sich an ihrem Leiden, was sind das bitte – für geile Zeiten! Bin so vollgestopft mit überflüssigen Informationen, Überforderung, Burnout und Depression. Kein Exit, nur jede Menge Stationen. Das Problem, das ich habe, es sind keine depressiven Tage. Es ist das Bewusstsein, sich dem Ganzen bewusst sein, dass man nur einmal lebt. Dein Zeiger er tickt und die Zeit, ja sie zählt. Was der Tag auch dir so bringt, wenn auch er dich in die Knie zwingt. Wie grau das Leben bisher auch war, mit was du auch kämpfst – mach dir eines klar. Nichts bleibt wie es ist, nix bleibt auf ewig gleich. Bewahre Ruhe und Gelassenheit, auch eine beschissene Zeit, ja sie verstreicht. Diese Zeilen, die ich hier verfasse sind wahrhaft und echt. Sie sind nicht immer schön, manchmal hart und derb, doch allemal gerecht.

Gegen Umwelt und Klimaschutz, verstößt doch allein schon der Steuerschmutz. Politiker geschmiert vom Wirtschaftssystem, würden alle ÖKO – leben, würden die Oberen Heeren leer ausgehen. Scheiß auf ÖKO und die Umwelt hier, musst nur Politiker sein, so wie wir! Fette Karren, nobles Fressen, Klimaschutz. Umweltliebe lass die Veganer mal Rohkost fressen

Industrienationen sind wohl auf. Kohle, Schotter, leg noch eine Schippe drauf. Scheiß doch auf den Handyschrott. Sortieren doch nur Kinder in Afrika, also von hier weit fort! Umwelt und Klimaschutz wird überbewertet. Müll und Plastik ab ins Meer und unter die Erde! Kinder – Jugend – Nachwuchs und Nachhaltigkeit Bringt alles so kein Geld, also dient nicht dem „Wohle" der politisch-wirtschaftlichen Einigkeit.

Ist alles nur ein Traum, alles nicht wahr – Nur wach ich nicht auf, wirkt es darum so real? Warum ist alles wie es ist, wem stelle ich die Fragen? Wo suche ich um Rat, dies kann mir niemand sagen. Ich habe das Gefühl „ich kann nicht mehr"! Alles scheint so trostlos, ohne Sinn und leer. Ich bin am Leiden, blute meiner Verletzung wund, ich verliere meinen Halt, der Fall in den tiefen Schlund. Keine Engelsflügel, die mich tragen oder bewahren. Der Sturz nach unten, den Kampf nun aufgegeben zu haben! Ich falle, ich weiß es und ich spüre es, es ist leichter so, anders zermürbt es mich. Der gewünschte Erfolg blieb und bleibt so lange aus. Alles gegeben, hart gekämpft, meine Luft ist raus! Ich bin am Boden und ich kann nicht mehr. Mein Kopf ist mehr als randvoll und die Gedanken Mauerschwer. Bin ich am Ende nun angekommen, so weit und breit? Habe ich alles gegeben und erreiche das Ende der Zeit? Kein Zeichen, kein helles Licht, nichts zu sehen. Ich bin müde und kraftlos um aufzustehen.

Gedankenfreiheit

Ich sitze hier drin, doch meine Gedanken sind da draußen. Mein Körper am Platz, doch mein Geist ist am Verlaufen. Fühle mich wie gefesselt, eingesperrt und abgegrenzt. Während das Leben da draußen lebt, fühle ich mich, als wäre ich eingeengt. Meine Gedanken müssen frei sein, sie müssen fliehen wie die Kräfte. Entgegen der Erdanziehungskraft, kenne mich, wenn ich es nicht besser wüsste. Meine Lebenslinien zeichne ich. Halte mein Gesicht gegen den Wind, ich laufe, bleibe auf der Suche, bis ich an meinem Ort angekommen bin. Viele Wege, viele Schranken, Übergänge und Leuchtsignale. Ich brauche die Gedankenfreiheit, Meeresfrische und Ozeane.

Bin restlos platt und leer. Gedanken fassen fällt mir gerade schwer. Doch das Leben meint es gut, oh ich hätte sehr gerne mehr. Ist da draußen irgendwo ein neues Leben für mich – dem ich mich anvertraue? Eins das es mit mir gut meint, eins das an mich glaubt. Das Wolkenmeer ist am Fließen, die Flüsse sind am Sprießen. Lebenslust lebt auf, einfach diese Zeit genießen. Soweit die Träume tragen, weit weg von schlechten Tagen, weit weg von Sehnsüchten, Nöten und aller Klagen. Das Leben ist am Blühen. Ich will nicht mehr als diese Freiheit spüren! Ich lass mich tragen, stelle dem Wind meine schönsten Fragen. Weit weg von schlechten Tagen. Voller Drang nach Leben und guten Taten.

Blog An Gott

Wenn nicht an dich, an wen wende ich mich! Ja ich weiß es tut mir leid, mit dir gesprochen habe ich lange Zeit schon nicht. Ich weiß du hast viel zu tun und hörst viele Klagen, doch wer hört mich an, bei dir kann ich doch so vieles gar, alles sagen. Was ich denke, was ich fühle, was ich bin, ich weiß du hast zu tun, doch bitte höre bei mir auch noch einmal genauer hin. Warum geht es mir so oft schlecht, warum bin ich so oft am Leiden? Die Welt, wie sie der Mensch geschaffen hat, entspricht nicht dem Horizont meiner Weiten. Wo bist du, fern oder nah? Kannst du mich hören, nimmst du mich wahr? Warum leide ich innerlich so schmerzhaft sehr? Rettung und Erlösung, ist sie auf Erden nicht vorhanden? Zeige mir doch die Richtung bitte, meine Suche sie ist immer länger und wird immer mehr. Bist du da seit Kindertagen? Ich werde älter, so viele Fragen und immer mehr so scheint es mir, möchte ich wissen, bei all meinem Hinterfragen. Gott wenn es dich gibt, sende bitte doch ein Zeichen, kein Weltwunder nur ein kleines, welches ich erkennen kann, lass es mich bitte doch erreichen. Ich danke dir für meine Persönlichkeit, für den Weg den ich bis hierher ging und schaffte. Für meine Zuversicht, für all das Lernen aus jener Zeit. Warum fällt mir das Leben so manches Mal allzu schwer? Fühle mich wie hilflos, wie ein treibendes Boot allein im Meer. Gib mir bitte Kraft, um durchzuhalten, um nicht aufzugeben. Bitte unterstütze mich in meiner Standhaftigkeit und meiner Wahrhaftigkeit.

Es ist an manchen Tagen schwierig, in der Gesellschaft, in dieser Zeit. An manchen Tagen bin ich einfach am Ende und weiß nicht mehr weiter. Immer wenn es mir so geht, schreibe ich am Blog an Gott, meine Zeilen weiter.

Eindeutig - Zweideutig

Ich habe letztens auf der Straße, zwanzig Mäuse geklaut. Dabei hat mir eine Mietze, ganz böse in die Augen geschaut. Ihr Besitzer war um zwanzig Mäuse beraubt. So rammte sie mir, ihre Krallen unter meine Haut. Die Mäuse waren frei und so fing sie, sie ein. Ich sagte „hey Mietze, das musste doch nun wirklich nicht sein".

Gestern ging ich in den Feinkostladen, griff hinter die Theke um etwas Rinderhack zu haben. Ehe ich alles verspeisen konnte und ich mich versah, stand eine Horde Bullen vor dem Laden. Blaulichtparty, fiese Blicke und ich, fragte ganz nett. „Wollt ihr denn auch etwas vom Rind abhaben"? Eisenschellen umschlugen meine Handgelenke. Ich bin doch nicht das Schlachtvieh, wie konnten sie das denn denken?

Letztens hatten Kumpels und ich einen Coup – ich war mit im Plan. Doch wie es sich herausstellte war dies nicht so klug, sie nahmen Schippen, Bohrer und Sägen, nachts mit in eine Bank. Sagten: „Halte Wache, bekomm das einfach nur hin – vielen Dank! Sie redeten von Kies, Kohle und Patte – da dachte ich mir so, „laufe mal nach Hause und hole es, weil ich davon noch reichlich hatte"!
Ich kam wieder mit Kohle und Kies, es war alles voller Blaulichtgewitter, irgendwas lief da wohl schief. Da kamen plötzlich ganz viele Männer heraus mit Handschellen. Gingen die Stufen herunter und traten über die Schwellen. Ich sagte „Jungs, hey Jungs was lief

denn schief"? Freunde schaut doch her, ich habe jede Menge Kohle und Kies.

Fairy Tale

Die Kinder sitzen um das Lagerfeuer herum. Der „alte Mann" kennt die besten Geschichten. Er beschwört Bilder von Drachen und Prinzessinnen herauf. Die Geschichten klingen fantastisch, auch beängstigend und doch auch verlockend – so dass man ein Teil dieser mystischen, gefährlichen Welt sein möchte. Schwertkämpfe, Zauberei und Flüche. Geheimnisse, verbotene Schlüssel und seltsame Bücher. Giftiges Kraut und goldener Dolch. Schlossmauer, dunkle Verliese, Falltüren und Türme. Das Schwert des Königs wird neu geschmiedet. Aus Eisen, Blut und Weisheit – zur Unbesiegbarkeit. Der erste Ritter erstrahlt im göttlichen Glanz, doch die Menschheit, sie lebt und stirbt im Dreck. Vom Wind verweht die letzte Ehre, die Lanze bricht, Fahnen sinken. Der Schwur der Treue, verhallt in kalten Hallen. 1000 Gefallene Krieger, deren Namen niemand jemals kennen wird. Das Kind am Feuer ist so berührt, es greift zu Pfeil und Bogen und übt. Ritter sein und die Welt vor allem Bösen retten. Ein Held, wie aus dem letzten Jahrhundert. Diese Geschichten und Erzählungen… sind aus einer längst vergangenen Zeit. Sie sind aus dem Legendenbuch, so war es einst. Drachen flogen einst umher. Hammer, Armbrust, Schild und Speer, Kobolde trieben ihre Späße.

Gemähtes Gras

Duft von frischgemähtem Gras. Ich erinnere mich noch sehr genau, als ich als Kind und Jugendlicher mit Freunden auf den Bolzplatz ging um mit ihnen Fußball zu spielen. Selbst waren wir alle Fußballfans, wussten um alle Teams der 1. und 2. Bundesliga. Tabellenstände, Resultate, Ab- und Zugänge, Transfers und alles um die Meisterschaft und den Pokal. Jeden freien Tag verbrachten wir auf dem Platz, der Platz an dem wir uns wohlfühlten und ausleben konnten. Die Jahre vergingen und wir wurden älter. Schule, Ausbildung, Job! Der Duft von frischgemähtem Gras war leider vorbei. Heute blicke ich auf diese wundervolle und gute Zeit zurück, die Erinnerungen, welche noch so lebhaft in meinen Gedanken ablaufen. Es war eine Zeit von Unbeschwertheit und Unbekümmertheit.
Was ist aus den Jahren geworden, was haben die Jahre aus uns gemacht? Erinnerungen die dableiben. Immer wenn ich den Duft von dem fischgemähten Rasen wahrnehme, dann verfalle ich in meine Kindheit zurück. Die Zeit, die für mich so wundervoll und schön gewesen ist. Der Duft vom Gras, der Traum vom Profifußballer werden. Der Traum Fußballreporter zu sein... Heute ist der Duft noch immer vorhanden, auch der Traum liegt noch irgendwo mit Staub bedeckt in den Kammern meiner Gedanken. Zwar wurde ich kein Fußballprofi und auch kein Fußballreporter – aber ich bin in der Lage, meine Erinnerungen und Gefühle, so zu beschreiben, als würde es noch in mir leben und als wäre ich gerade jetzt

im Geschehen und live dabei! Vielen Dank tolles Leben, für die Kindheit und die Begeisterung für Fußball. Vielen Dank Leben, dass du mich, dich so schön beschreiben lässt.

Ich Wünsche Mir

Ich wünsche mir…
Die Weihnachtszeit rückt näher. Die Zeit der
Besinnlichkeit. Die Zeit der Geschenke. Die Zeit der
Wünsche. Doch was wünschen wir uns eigentlich? Vor
allem, warum wünschen wir uns etwas? Bei all dem
Geschenkerausch und dem Konsummissbrauch, warum
feiern wir überhaupt Weihnachten? Eine Frage, die ich
mir einmal ganz bewusst stelle. Neben den ganzen
Geschenkwünschen, fehlt es doch in dieser
Schnelllebigkeit, im Rausch der Geschwindigkeit, an
Menschlichkeit und Zufriedenheit und an vollkommener
Herzlichkeit. Im Alltag durch unseren Beruf, wurden wir
zu einer Ellenbogengesellschaft gezüchtet, so geformt
und so genormt – von den industriellen und den politisch-
wirtschaftlichen Faktoren und Einflüssen. Kommerz
regiert, menschlicher Wert verliert, verliert und verliert
immer mehr an Bedeutung! Doch dies macht sich
bemerkbar und zwar deutlich. Jeden Tag, immer wieder
und immer mehr psychisch geschädigte, depressive
Menschen, die hier auf irgendeine Weise nur noch
funktionieren! Was ich mir wünsche!? – Ich wünsche mir
die Menschlichkeit zurück, das Glücklich-sein. Wieder
einmal selbst lachen zu können, in Gesichter zu blicken,
die voller Ehrlichkeit, Freundlichkeit und Zufriedenheit
strahlen. Das wünsche ich mir! Keinen kommerziellen
Dreck, keine materiellen Dinge die uns ersticken, ich
wünsche mir einfach nur die Menschlichkeit zurück. Sie
kostet kein Geld, niemand muss dafür nur einen Euro

bezahlen! Einfach nur wieder Menschlichkeit. Ich wünsche mir die Beseitigung der Scheinheiligkeit, das Ende von unnötiger Verkettung von Meeting zu Meeting und dem Termin der EILT!
Beseitigung von stresserfüllten und abgehetzten, zeitlich getakteten, zu den Akten gepackten und mir Papier bepackten Besprechungen, wo man Rede und Antwort stehen muss, wo am Ende, doch nix bei herumkommt außer die Erkenntnis, bis hierher und jetzt ist Schluss! Ich wünsche mir einfach nur wieder Menschlichkeit!
Bitte!
Vielen Dank!

Geschäftsmeeting

Ich weiß, ja heute ist ein besonderer Termin –
Geschäftsbesprechung, diese kommt mir doch gelegen.
Denn so vieles, was mir auf den Schultern lastet. Werde
ich nicht los, durch die Seltenheit, in der wir uns
begegnen. Ich weiß auch, ja die Herren möchten tagen,
doch auch ich habe einiges zu beklagen!
Nichts funktioniert fach- und sachgerecht, doch ich habe
dies protokolliert. Das ist doch auch lange recht. Alles
läuft, nur halt nichts wie es denn soll, der Feierabend – ja,
den finden wir alle mehr als nur toll.
Nun, es ist ja nicht so, als ob hier einiges nicht reibungslos
greift. Nicht ein Termin, ein Auftrag, oder ein Gespräch.
Nein! Keine Bange, denn alles funktioniert nicht und dies
halt alles noch zugleich.
Verbesserungsprinzip, Gewinn und Verlust. Sie sind der
Arbeitgeber, ich nur der Arbeitnehmer, doch ihr Verlust,
bringt mir keinen Frust! Kalkulation, Spekulation,
Frustration, ein Tanz mit der Bilanz. Tja, da beißt sich die
Katze ja selbst in den Schwanz!
Aufgabenrolle, Aufgabenverteilung, fest ist mein
Stundenlohn, warum und wozu also Beeilung?
Geschäftsmeeting –
So kann ich alles sagen, mein Anliegen, mein Klagen.
Freut mich sehr, mit ihnen mal gesprochen zu haben.

Schriftsteller

Ich bin ein Text und ich bin launisch. Mal bin ich fröhlich und mal traurig. Manchmal bin ich kritisch, doch lebensecht. Aber hin und wieder auch mal fach- und sachgerecht. Manchmal bin ich lustig, frohen Mutes bunt, mal dick, mal voll, mal klein, doch nicht rund.

Man kann in mir lesen, was ich erzähle. Doch ich gebe auch Infos, die ich nicht explizit erwähne. Mal bin ich ein Nachschlagwerk, mal ein Lexikon oder Lektüre. Eine Leseprobe vielleicht. Manchen Menschen öffne ich, Türen. Mal beschreibe ich Bilder, mal Tatsachen. Mal bringe ich Nachdenklichkeit, doch auch Menschen zum Lachen. Ich bin vielseitig, beschreibbar klar. Halte fest den Tatbestand, wie er ist und wie er war.

Manchmal bin ich dramatisch, mal auch voller Action geballt. Mal bin ich ruhig und mal voller Gewalt. Horror, Slapstick, Lyrik – all dies zeichnet mich aus. Ich bin nicht mehr komplett im Band, reißt man mir eine Seite heraus.

Belletristik, Graphic Novel, ich bin sehr variabel. Einzigartig, vielfältig. Schlicht und speziell, im Spektakel. Ich spreche in Reimen, Sätzen, Versen, Prosa, Texten, in Gedichten und Rezepten, bin alles in Einem. Ich entstehe aus den Gedanken, habe vielerlei Quellen, wer mich schöpft und kreiert. Darf sich Schriftsteller nennen. Wie man das Blatt auch dreht und wendet.

Man schreibe oder dichte. Autoren, Schriftsteller,
Künstler – sie schaffen in Wort Geschichte.
Aus Liebe Zur Sprache

Ich muss nicht reich sein und brauche keinen Reichtum.
Ich möchte mit meinen Zeilen Herzen erreichen. Mit der
Liebe im Detail – in meinem Werk, in meinem Tun. Ich
schreibe für mein Leben gern, aus Liebe zur Sprache. Ich
schreibe tief aus meinem Seelengrund, an diesen Tagen
sitze ich einsam vor dem Papier und stumm.

Gedankenströmung, Gedankenstau. In mir trage ich doch
Farbe nur die Welt, sie ist manchmal grau. Nun sitze ich
hier und beschreibe meine Gefühle und dieses ganze
Leben hier. Das Leben fließt, doch ich ruhe, ganz tief in
mir. Seelenruhig und lebensnah, so liebe ich es, so nehme
ich es wahr.

Ich liebe die Treue zum Detail, es ist ein Bild meiner
Beschreibbarkeit. Es fließt hindurch, in Raum und Zeit,
vom Ursprung bis zur Ewigkeit. Ich schreibe für mein
Leben gern, aus Liebe zur Sprache, sie ist mein Stern.

Sind meine Lebenswege auch noch weit. Ich gehe
entgegen meiner Zeit. Ich schreibe bis ans Ende, bis ans
Ende meiner Zeit.

Schreibvielfalt

Schreibkreationen in 1000 Versionen. Gib mir Stift, Papier und einen Grund. Ich schreibe dir Zeilen voll, ganz ohne Punkt. Ich habe Gefühl, ich lasse es frei. Schreiblust – Nein! Sie geht niemals vorbei. Schreiben ist mein Leben, mein wahrer Segen. Sie werden es nie verstehen wovon ich rede. Aber macht ja nichts, reicht ja aus, wenn ich es verstehe. Doch die, die es verstehen, können es nachempfinden. Weil sie auch auf diesen Wegen gehen.

Schreibvielfalt, durchgeknallt. Volle Ladung, Faust geballt. Zur Post hingehen, Stempel versehen, Einwurf versendet, weitergehen.
Anzeige schalten, angezeigtes verwalten. Hast nichts zu sagen. Dann bitte Mund halten!

Kick-off, Pressschlag, Top-Spieler eingesetzt. Kaum auf dem Feld, und eingenetzt. Kritiker bleiben leise, so ist der Stand nun jetzt! Oktober, November – das letzte Blatt im Kalender, ist der Dezember!

Finde ich den Weg zurück zu mir? Wie weit ist er weg von hier? Verlaufen in der Dunkelheit, weiß ich noch was alles war? Erinnere ich mich noch ganz klar? Ich weiß noch, ja mein Weg war weit. Ging ich verloren in meinem Traum, all die Farbe wurde grau. Das Zufrieden-Sein und Glücklich-Sein, war einmal an meiner Seite, so schön und fein.

Blog An Gott Part 2

Es quält mich ungemein und so sende ich dir diese Zeilen. Nicht für die Öffentlichkeit, denn da lauert der Feind und diese Zeilen an dich, sind persönlich und geheim. Es ist die Qual, die Hölle auf Erden. Tage die mir zu viel sind, als müsste ich sterben. Signale, Kribbeln in meinem Kopf, an meinem ganzen Körper. Ich will weg, suche den Weg, doch sehe nur die Spuren meiner Mörder! Ich bin seit Kindertagen, dieses seelische Wrack – doch ich glaube immer noch an das Gute im Menschen, so schloss ich mit dem Bösen keinen Pakt. Der Teufel steckt auch in uns, bis ins Detail. Gott, wenn ich irgendwann mal aufgebe, dann bitte verzeih!

Ich wollte den Menschen Hoffnung geben, mit meinen Texten, sie verbreiten und sie teilen. Weiergeben was sie mir einst lehrten, doch ich bin allein, der Kampf macht müde, wo sind meine Weggefährten? Diese Menschheit ist so gewaltbereit, warum so voller Hass? Ich kann sie nicht verstehen, sie ist mir zu krass! Krieg und Hass! Hassparolen, ich wünsche in ihnen soll endlich der Frieden wohnen!

Scheiße, Pisse und Mist – alles woran der Gesellschaft hier gelegen ist. Rotze, Kotze und Kadaver – was brachte mir bis hier, meine Nettigkeit? Scheiß soziale Ader! Sie schlagen drauf, jedes erneute Mal, ohne nachzufragen, alles was sie können, den Finger auf andere zeigen, nur erzählen, hören, lügen und diesen Mist dann

weiterverbreiten. Null Bock! Chill mal! Keep cool! Alles save! – Ich kann es nicht mehr hören, Einheitsbrei, ein Leben im worst case!
Hey lieber Gott, vielleicht schon fällt es dir schwer mir zuzuhören, alle meine Zeilen, doch hey, es hilft mir sehr. Ich begreife jeden Tag, immer und immer mehr hier was mich runterzieht und depressiv macht. Heute hatte ich eine Erkenntnis, danach war ich etwas freier, ich breche aus, aus diesem Gefängnis, das mich erdrückt und mich kaputt macht. Deshalb heute diese Zeilen, damit ich es nicht alleine durchmach.

Ich habe so lange darauf gewartet, dass du mit dem Finger schnippst. Dass der Tag kommt, an dem du mir etwas bescherst, weil du sagst, „Christian, bekommst du, weil du durch die Hölle gegangen bist"! So setze ich mir dieses Bild, diese Zeilen in den Kopf. Bin auf die Fresse gefallen und habe im Dreck gelegen. Für so miese Bitches, wie konnte ich denken, dass sie jemals Engel waren, denn da fehlte mehr als Segen, das kann ich heute reinen Herzens und mit Mut zur Wahrheit sagen! All die Niederlagen, an all meinen Tagen, immer hatte ich die Zuversicht. Es kommt der Tag, wo im Dunkeln alles erhellt ist, auch für mich das Licht? Denn es kommt mir vor, als schien da keins für mich.

Das hier ist der Blog an Gott. Zugleich ein Mittel, mit dem ich mich therapiere. Wieder einmal ergreift es mich, so sitze ich und schreibe, auf dieses Blatt Papier. Während ich hier Platz für Neues schaff, weiß ich um die

Erkenntnis, ich habe es schon bis hierher geschafft. Ich habe bisher versucht stark zu sein, sei es mir gelungen? Doch so sitze ich hier nun wieder allein und die Einsamkeit, sie fällt über mich ein. Kein Geld in der Tasche, es könnte doch echt anders sein, da draußen lache ich, denn so hört es niemand, meiner großen Qual – stummes schreien!

Jetzt quält mich wieder dieser ganze Scheiß, weil ich ganz genau weiß, auch ich trage am Ganzen Schuld. Aber Gott spürst du denn nicht, dass es mir allmählich reicht!?

Sie machen einen hier kaputt! Herz und Seele, ich weiß ich habe nie, zu keinem Punkt jemals aufgegeben! Doch gesund zu bleiben, ist hart und schwer in diesem Leben, manchmal frage ich mich, wäre es die Erlösung, das Licht hier auszuknipsen, um vorher schon abzutreten? Bitte verzeihe mir, wenn ich manchmal so denke. Dann ist es der Teufel, in Form von Realität und Depression, der mich da lenkt! Die Depression weiß nun leider wie ich denk, weil sie mich schon so lange, viel zu lange zu gut kennt!

Pessimismus und Depression, Welt so habe ich mir dir gezeigt. Habe mich, dir so geoutet, mich damit selbst befreit! Ohne Schleier, ohne Maske dem Ganzen preisgegeben, und weißt du was – JA, seit dem fühle ich ein anderes Leben!
Frei, freigemacht von all dem Scheiß, von so vielen Ängsten und ja ich begreife es. Nun will und werde ich es auch verkünden, für alle die, die leiden – alle Kerzen

entzünden! Welt ich will kein Beileid, alle tragen ihren Teil bei!

Es ist vielleicht ein Teil von Gottes Worten, die ich hier spreche. Haltet mich für verrückt und nicht normal, doch meine Worte sind wahr. Alles was ich schreibe, es ist echt. Echt und aus meinem Herzen, frei vor euch raus, Gott habe Erbarmen mit den Sündern, denn ich versuche es auch!

Herzensgold

Sie sagten mir damals schon, der Christian, der ist anders. Ich hatte den Blick für Literatur und Kunst, sie malten ewig nur Mandalas. Der Herr Gott zeigte mir, stets sein Erbarmen. Menschen die scheiße waren, sind die, die von meinem Weg abkamen. Von nun an wird mein Leben nicht mehr aufgeschoben, lebe es direkt, live, hier und jetzt. Die Augenblicke meines Daseins, werden nun anders geschätzt. Keiner konnte mir sagen, war ich bin oder wer! Die Suche dieser Antwort, der Weg lang und schwer. Depressive Scheiße, hat lange zufrieden zugeschaut. Heute kann ich sie sehen, vieles hat sie mir verbaut. Doch diese Zeit, sie ist Geschichte. Ein Hoch auf das Leben, dass die Sonne am Himmel steht, auf den Mond der die Nacht erhellt. Auf das Licht, wie dunkel es auch manchmal ist.

Ich habe im Leben manches falsch gemacht, im Dreck gelegen, der Teufel hat sich totgelacht. Feuertaufe, existenzielles Sorgenkind. Albträume gelebt, die mit nichts schrecklicherem mehr zu vergleichen sind. Viel zu spät im Leben aufgewacht. Finanziell gefickt, am Arsch, die Rechnung von der Hölle gemacht.

Untergang und qualvoll war jede Stunde, Bauernopfer, so geht man vor die Hunde. Depression, habe die Scheiße nie gesucht weder gewollt, die Menschen hatten leichtes Spiel. Sie tauschten ihre Scheiße gegen meiner Seele Herzensgold.

Hass und Wut haben sich gestaut. Wie ein Feuermeer zusammengebraut. Jähzorn, wenn sie jemals in den Abgrund fallen, bin ich der, der lächelnd in die Tiefe schaut. Ihr habt aus mir gemacht, diesen Hass, diese Wut, diesen Zorn. Jetzt schiebe ich euch in den Arsch, diesen infizierten Dorn.

Jahre

Das Leben gegen die Angst, findet täglich aufs Neue statt. Es macht mein Leben nicht gerade leichter, doch ich werde es auch nicht satt. Jeden Tag erneut die Offenbarung, die Antwort auf die Befragung. Bin ich glücklich und zufrieden, ja das sonnige Gemüt, ich habe es mir ins Gesicht geschrieben!

Neues Vertrauen, alles auf Anfang und von vorn aufbauen. Neue Chancen allem geben, der Versuch, den Rest meines Lebens, einfach bestens zu leben. Neuer Kurs ganz gleich die Sicht, wichtig ist, dass es richtig ist. Heute bin ich alt und morgen werde ich älter. Natürlich mache ich mir Gedanken über die Zukunft, doch ihre Beklemmung lässt mich kälter. Nicht mehr einschränken lassen, nicht mehr die Chance verpassen. Jede Sekunde nutzen die bleibt, denn von ganz allein, vergeht die Zeit.

Gestern naiv und heute reif. Irgendwann komme ich ans Ziel, es schließt sich mein Kreis. Viele Jahre im Gepäck, gutes ist geblieben, den Rest, den warf ich weg. Entgegen neuen Ufern. Gehe der Zeit, ganz bewusst voraus, besiege die Angst. Ich lass es raus, alles raus. Raus. Raus!

All das Geschehene und Erlebte, es sind Teile meiner Wege. Waren da und gehören dazu, niedergelegt in Wort und Schrift, das Buch ist zu. Komm mit mir, lass uns neue Wege gehen. Reich mir die Hand, alte Wunden, sie werden heilen und vergehen. Ich sage dir eins, ich bleibe an deiner Seite stehen.

Egal was hinter uns liegt, egal was war – egal was vor uns liegt, egal was war – auf das was kommt und war, auf geht's in ein neues Jahr.

Business As Usual

Alle wirken so gestresst. So getrieben und abgehetzt. Von Stunde zu Stunde, von Termin zu Termin. Sind aber alles nur bellende, keine beißenden Hunde. Business as usual. Die Geschäfte gehen ihre Wege. Laufen alle mit in diesem Rudel. Wortkarg. Immer tiefer ist der Fall im Strudel. Keiner gibt einen wirklich wichtigen Laut von sich. Keinem passt die Richtung. Aber auch keiner von allen beschwert sich.

Jammernde Stille. Gebrochener Glaube. Geschwächt ist der Wille. Wir folgen, dienen, beugen uns ganz gehorsam. Der Fall ist rapide. Doch in den Untergang geht's langsam. Laufen alle mit in diesem Rudel. Wortkarg. Immer tiefer ist Fall im Strudel. Keiner gibt einen wirklich wichtigen Laut von sich. Business as usual. Die Geschäfte gehen ihre Wege.

Die Tagesordnung. Das Tagesgeschehen. Alle wissen es, hören es, sehen es. Aber es will nun mal keiner sehen! Das Gejammer wird mehr und verbreitet sich auf negativen Frequenzen. Die Politik zufrieden. Die Wirtschaft noch nicht satt genug. Ihre Spiele, kennen keine Grenzen.

Zeitreise

Wieder einmal verstreicht ein Jahr. Die Zeit greift ab, was alles war. Die Bilder bewahren wir in uns auf. Doch alles vergeht im Zeitverlauf. Am Ende der Rechnung sitzt der Deckel drauf. Neue Liebe habe ich empfunden. Denn die Liebe hat mich neuerfunden. Danke Leben, herzlichen Dank! Denn dank dir, fängt ein neues Leben an. Zeit gebraucht. Seiten verfasst. Buch gebunden und herausgebracht. Ich habe mich mit dir gemessen. Du tolles Jahr, vieles bleibt echt und unvergessen. Lebewohl musste ich auch sagen. Traurigkeit in warmen Sommertagen. Ein ganzes Jahr wie ein Blatt gewendet. Seiten durch und Kapitel beendet. Wo halten wir all die Erinnerung fest, wenn die alte Zeit das Jahr verlässt? Gutes kommt wieder, sagt so ein Sprichwort, auch immer wieder. Wir müssen weiter unsere Wege gehen. Woher und wohin auch die Winde wehen. Die Zeit sie bleibt bestehen, obwohl sie doch vergeht. Sie fließt im Fluss der Ewigkeit wo sie sich bewegt. Wir sind Passagiere der Zeit. Sie trägt uns durch das Leben weit. Richtung Ungewiss und lassen zurück, was hinter uns bleibt. Wir sind auf Zeitreise. Durchlaufen Episoden, manche laut und manche leise. Jedes Kapitel gestaltet sich auf seine eigene Weise. Zwischen Schicksalsschlägen und Glückssträhnen, zwischen Himmelfahrt und tiefem Fall. Wir befinden uns im Zeitgefüge, bei jedem einzelnen Mal. Am Ende meiner Kräfte. Reserven aufgebraucht. Ressourcen verwendet, bin kaputt und auch geschlaucht. Bin auf der Suche nach… leichtem Gepäck, befreit von Staub und Dreck!

Von leblosen materiellen Dingen. Die mein Geld mir nehmen, doch mir nichts bringen.
Aus Welchem Grund?

Keiner weiß was es heißt ich zu sein. Alle denken es zu wissen, doch keiner sieht in mich hinein. Die Qualen tief im Innern, das Ringen mit mir selbst. Anlauf nehmen um zu springen, doch zu wissen, dass du fällst. Gedanken die da kommen, Dinge haben begonnen. Jedes Mal, wenn du einen Teil von dir verlierst, dann hat irgendetwas anderes gewonnen. Dämonen tief im Hirn, Phantome bieten mir die Stirn. Ich kämpfe, kämpfe, kämpfe um am Ende zu verlieren.

Tag für Tag, Nacht für Nacht, mit vollgestopftem Kopf um den Schlaf gebracht. Warum bin ich, wie ich bin? Jeden Tag frage ich mich erneut, worin ich eigentlich gefangen bin. Wer hält mich gefangen und aus welchem Grund? Finde ich wieder keinen, gebe ich anderen einfach die Schuld. Bin ich einfach nur im Arsch, mein ganzes Leben lang schon, seit Anfang an, seit dem Start? Wie soll ich positives sehen, wenn ich im Negativen untergehe? Was hat die Welt aus mir gemacht, was haben die Menschen mir mitgebracht!? Alles, aber bestimmt nix Gutes. Denn an das, haben sie bei mir, für mich bestimmt nicht gedacht. Wer immer anderen Schnauen folgt, landet mit den Pfoten nur im Dreck! Wenn man nicht aufpasst wo man hintritt, kommt man von dort nur schwierig weg.

Fast 34 Jahre immer mit gutem Willen gelebt. Was hat er mir gebracht? Nur der Boden unter meinen Füßen hat gebebt. Ich habe teuer jedes Mal bezahlt, doch ihr Ficker, ihr habt gelebt! Ich weiß, dass sich nix von alleine ändert, darum ist es Zeit, dass ich nun etwas verändere!

Am Ende Der Zeit

Viel zu schnell vergingen die Jahre. Frage mich wo die Zeit geblieben ist. Alles was uns begleitet hat, die Erinnerungen, unsere Geschichten. Ich vergesse sie nicht. Es ist der Weg des Lebens, schwer es zu verstehen und zu akzeptieren. Doch am Ende der Zeit, bleibt einem nur die Zeit zu reflektieren. Am Ende der Zeit begreift man, dass einem von all dem nichts bleibt. Nur die erschütternde Erkenntnis der Vergänglichkeit. Sei nicht traurig mein Freund wir verlieren uns nicht. Wir gehen den Weg gemeinsam der uns noch bleibt. Bleibe bei mir und ich bei dir. Wir werden gemeinsam die Straßen gehen. Auch wenn das Schicksal es so will, früher oder später werden wir uns wiedersehen. Alles was du für mich getan hast, dass du für mich da warst, alles was gewesen ist. Es sei dir gesagt mein Freund, ich vergesse all dies nicht. Nie werde ich es je vergessen, keinen einzigen Tag. Ich halte es in Erinnerung, ich nehme es mit ins Grab. Die Tage waren nicht immer voller Sonnenschein, doch du warst da. Du warst in meinen dunklen Stunden das Licht, die Zuversicht, die Hoffnung ganz allein. Ich weiß, ich verdanke dir sehr viel. Mir bleibt keine Zeit mehr, um dir etwas zurückzugeben. Ich wünschte ich könnte dir, etwas von meiner Zeit abgeben. Ich halte dich in Ehren. Ich kann dir nicht genug Danke sagen. Kein Wort, keine Zeile, keine Träne – kann meinen Schmerz beklagen. Am Ende der Zeit begreift man, dass einem nichts von all dem bleibt.

Nur die traurige Erkenntnis unserer Vergänglichkeit. Es macht mich traurig mein Freund. Doch verlieren uns nicht. Wir gehen den Weg gemeinsam, solange er noch nicht zu Ende ist.

Großvater

Du bist ein Kind. Bist noch jung und klein. Doch eines Tages wirst du groß und dieser Welt gewachsen sein. Du wirst erkennen, es gibt nicht nur hell und dunkel, nicht nur schwarz und weiß. Viele bunte Farben sind dazwischen, doch es wird Menschen geben die wollen nicht, dass du es weißt. Du wirst im Leben vieles lernen mein Junge. So viel ist sicher, so viel ist klar. Doch entscheide für dich selbst, was ist Lüge und was ist wahr. Was ist unrecht und was gerecht. Auch wenn es schwer ist, denn oft stehst du alleine im Gefecht. Es gibt nicht nur schwarz und weiß mein Junge. Es ist gut, dass du es nun weißt. Du bist im Dunkeln und willst ins Helle, also musst du deine Schritte gehen. Trete von der Schwelle. Wenn da Menschen kommen die sagen, „Das geht nicht", „das schaffst du nicht". So beweise ihnen, nur wer über seinen Schatten springt, der erreicht das Licht. Wenn du im Dunkeln tappst und ins Licht gehen willst. Da ist es wichtig auf dich selbst zu hören. Folge deiner Stimme, wo auch immer hin, du willst. Vergesse niemals eins im Leben, das Wichtigste – was ich dir hier versuche mitzugeben. Nur wer im Schatten steht und das Licht erreichen will. Der muss gehen ohne Zweifel und ohne Angst und wenn andere dich verunsichern wollen. Dann stehe zu dir, es gibt nichts was du verlieren kannst. Wenn du nichts zu ändern versuchst, wirst du sehen, dass es andere tun. Selbst wenn du einmal nicht ankommst wohin du gehen willst. Scheitern ist keine Schande. Aber zu sagen „ich verliere"! Ohne es jemals auszuprobieren!

Wenn Gott Will

Die Zeit ist unaufhaltsam am Vergehen. Eines Tages
werden wir uns wiedersehen. Solange halten wir hier
unten die Stellung, solange lebst du in unserer
Erinnerung. Die Erinnerung an dich. Habe keine Angst, wir
vergessen dich nicht. Auch wenn die Jahre uns aus den
Händen schweifen. Wir sehen uns wieder, solange
werden dich die Engel begleiten. Wir schauen so oft zu dir
rauf. Die Sonne scheint, das Leben nimmt seinen Lauf.
Ohne dich ist alles nicht mehr wie es war. Du bist in
unserem Herzen, dein Platz im Leben ist leer, doch er
bleibt immer da! Wir werden dich nie vergessen. Du hast
uns nicht verlassen. Du bist nur vorausgegangen. Es ist
nur schwer für uns, dies auch zu fassen. Wir denken oft
an dich. Hoffen, dass es dir wohl ergeht. Dass du bei den
Engeln sitzt. Bis wir uns alle einmal wiedersehen. Auch
wenn die Zeit vergeht. Sie hinterlässt ihre Spuren. Die
Zeiger sie ticken auf all unseren Uhren.

An manchen Tagen denke ich sehr oft zurück. Manchmal
sehe ich dich. Du bist damals gegangen, doch du ließt
mich nicht im Stich. Nun lebe ich mein Leben. So gut ich
es eben kann. Wenn Gott es will, sehen wir uns wieder
irgendwann. Du ruhst schon sehr lange in Frieden. Meine
Gedanken trug der Wind. Es sind nur Augenblicke
geblieben. Ich war noch zu klein, ich war noch ein Kind.
Damals war es für mich alles so selbstverständlich. Du
warst ja immer für mich da, heute danke ich dir dafür, so
unendlich.

Du bist immer in meinen Gedanken immer mir ganz nah. Du warst reinen Herzens. Sorgest dich um mein Wohlergehen. Ja wenn Gott es will, werden wir uns wiedersehen.

Ich War Nicht Bereit

Ich singe dieses Lied. Ich widme es dir ganz allein. Weil ich es für dich schrieb. In deinem Herzen soll es sein. Es trägt Liebe, doch auch Trauer und Schmerz. Denn damals litt ich, alles sind Narben tief in meinem Herz. Warum bist du gegangen, warum – frage ich mich so oft!? Geht es dir jetzt gut, bist du Himmel, da oben bei Gott?
Ich wünschte du könntest sehen, wie es mir geht. Wissen was ich fühle und wie ich mein Leben leb'.
Ich war noch nicht bereit. Dir auf Wiedersehen zu sagen. Es war noch lange nicht Zeit zu gehen. Ich werde dich für immer tief in meinem Herzen tragen.
Der Oktober 1997. Niemals werde ich ihn vergessen. Du solltest nach Hause kommen. So war es der Anderen Versprechen. Ich kam damals aus der Schule, rannte durch das Dorf und die Treppen rauf. Sah die Tränen in ihren Augen. Du warst nicht da und meine Freude sie blieb aus. So musste ich mit elf Jahren schon begreifen. Es kommt ein Ende aller Zeiten.

Alles was beginnt, es steuert auf ein Ende hin. Wie im Flug verging die Zeit. Ich danke dir für alles, für deine Liebe in meiner Kinderzeit. Ich wünsche dir da wo du nun bist. Alles erdenklich Gute. Nach der Reise auf deinem Weg. Dass es dir stets jeden Tag gut ergeht. Wenn es hier bei mir mal regnet, dass die Sonne bei dir strahlend am Himmel steht.

Dein Ändern Leben

Du nimmst dir so viel vor. Hast so viel, was du anders haben oder machen möchtest. Du willst etwas verändern. Du bist bereit dafür alles zu geben. Dann musst du beginnen und dein Ändern leben. Nur vom Reden, vom Hören und vom Sagen wirst du nichts ändern. Handeln, machen und tun. Hebel in Bewegung setzen, kleine Erfolge – sie ernten große Ruhm.
Du musst bereit sein etwas zu tun. Denn, wenn du nichts tust – dann wird sich nichts tun. Wenn du nur zuschaust, bleibt alles so wie es ist. Also auf jetzt – höre auf zu ruhen. Denn bevor überhaupt etwas beginnt, gibt es noch viel zu tun. Augen auf, Fäuste raus. Klappte halten und jetzt tu!

Bist bereit dafür alles zu geben. Dann musst du beginnen und dein Ändern leben. Mit kleinen Schritten dem Großen nähern. Voll im Eifer und gar nicht erst im Unmut verkehren. Alles was du tust. Du tust es für dich. Du brauchst es anderen nicht erklären. Du änderst dieses Leben nicht, doch dein Verhalten und das Verhältnis deiner Sicht. Lerne aus deinen Lektionen. Aus den Schwächen und Fehlschlägen. Nur du zählst. Was du auch tust. Tu es für dich.

Fang nun an dein Ändern zu leben.

Gefilden

Ich erzähle dir etwas vom Leben. Wie es lief und was mir blieb. Enttäuschung und Erkenntnis. So hieß der Weg, der mich reifen ließ. Habe viel eingesteckt und viel verloren. Trümmer auf Herz und Seele. Doch gehe weiter in Richtung Hoffnung. Denn sie ist da, ich habe sie gesehen. Meine Narben zeigen mir die Vergangenheit. Freude die da vor mir liegt, muss es nehmen, ich mache mich bereit. Die Zukunft ist freundlich Tag um Tag. Es wird Zeit sie anzunehmen, sonst bleibt alles gleich. Das ist das, was ich ja gar nicht mag. Ich bin zersplittert wie das Glas. Ich war gebrochen in zwei Teile. Schreibe die Schmerzen täglich raus. Bis meine Wunden wieder heilen. Nach dem Sturz, da kommt der Aufstieg. Nach dem Fall die Wiederkehr. Oh verdammt! Ja das Leben ist da. Es beschenkt mich, ich nehme sehr gern noch mehr! Neue Wege sind betreten. Neue Gefilden, neue Epochen. Lange darüber nachgedacht. Immer nur in Bild und Ton gesprochen. Doch es wird mein Weg – ich habe es mir versprochen. Alles geben, bis zur letzten Instanz. Appell an mich selbst, los – ja ich kann's! Es werden Winde aufkommen, es wird mal eisig, mal hart. Doch mein Ziel ist gesetzt, halte daran fest, ich bleibe stark. Ich werde geben was ich kann, voll und ganz, alles auf Anfang an. In jeder Sekunde, Stunde am Tag. Ich stehe zu mir, genauso wie ich es sag'. Ich will es packen, will es schaffen.

Ich will mich belohnen. Denn mein Weg bis hierher, ging ich auf glühenden Kohlen. Von ganz unten gehe ich den Weg nach oben. Ich überschreite meine Grenzen. Ich will es schaffen und ich sage euch, „keiner wird mich von euch bremsen"!

Am Ende Traf Ich Mich

Habe so manche Scheiße erlebt. Gedacht, dass das Leben nicht mehr weitergeht. Ich war am Ende. Am Ende des Lichts, da fand ich nichts. Am Ende des Tunnels, da traf ich mich. Zwischen Abbruch und Neubeginn. Zwischen depri draußen und Glück innendrin. Da habe ich erkannt und weiß, wer ich wirklich bin. Die Tiefgründigkeit ist tief in mir drin. Sie auszublenden, auszuschalten. Dies bekomme ich in diesem Leben nicht mehr hin. Ich bin froh, glücklich und stolz. Über meinen Weg, über jedes Jahr.

Ich bin glücklich und weiß es zu schätzen. Die Kindheit, die Familie die mich umgibt. Denn ich habe Wege belaufen, auf denen ich weiß – dass was ich habe, ist was im Leben nicht jeder hat, fühlt, lebt, weiß oder sieht. Rückhalt, eine Familie. Bei Wind und Wetter, Sonne und Regen. Bin ein Kämpfer und auch ein Retter. Stecke ein und teile mal aus. Mal bin ich am Limit und mal schwebe ich auf. Egal wie hart es auch kommt, im Leben gleicht sich immer irgendwie, irgendwann alles aus. Jetzt gehe ich meinen Weg. Kenne nun den, der Dunkelheit. Fand den voller Menschen. Die nun auch nach mir fragen, es wie eine andere Zeit. Aufstehen, aufstehen – wenn ich falle. Es ist das was ich lernte. Das Wichtigste im Leben. Nicht im Dreck liegen bleiben. Sondern aufstehen und fester treten. Ich spüre ich mache das Richtige.

Keiner hält mich mehr. Denn ich bin schon lange auf meinem Weg. Niemand hält mich mehr fest, oder fängt mich ein. Ich lasse meinen Traum, meinen größten aller Träume nie wieder los und nun Wahrheit sein.

Mein Element

Das sind Geschichten aus dem Leben. Sie sind so rau wie der Rauch. Am eigenen Leib erfahren und so beschrieben. Ich bin eine ehrliche Haut. Ich war weder Rockstar oder Sänger. Dazu war ich nicht ambitioniert. Ich war weder Astronaut oder Sternenfänger. Doch heute habe ich sehr viele schon deklassiert. Man macht sich als Junge auf den Weg. Während all der Zeit, wird das Kind zum Mann. Das Spiel ist längst noch nicht zu Ende. Ich komme in Fahrt und jetzt fängt es erst richtig an. Außenseiter-Werdegang. Kenne all die Spielchen schon mein Leben lang. Unterschätze niemals die Ruhigen und nicht die Schwachen. Denn sind sie erst einmal oben, dann vergeht euch schon das Lachen.

I´m not a clown. I´m a creator. I don't need a crown. I coming back and I'll be greater. Ihr Motherfucker – ihr seid wie das Alien. Ich bin der Predator. Ich boxe mich durch wie John J. Rambo. Ich ziehe euch eine über und ihr fallt aus der Reihe wie beim Tango. Das sind full metal power rhymes. Ihr seid nur die enemies aus meiner Storyline.

Wenn es mir so geht wie jetzt. Dann überkommt sie mich. Sie überkommt mich und holt mich ein. Die Schreiblust. Die Schreiblust – die mich wieder heimsucht. Ob auf kreativer oder schiefer Schiene. Ich schliddere auf meiner Bahn.

Voll am Schreiben, voll am Werk und ganz im Wahn. Tief in meinem Element. In dem ich spüre, dass ich lebe, wenn das Feuer in der Seele brennt.

Zukunftsblick

Während meiner Lebensreise, nähere ich mich der Zukunft stückchenweise. So gehe ich weiter mit Zukunftsblick, all mein Glück – ich nimm es mit mir mit. Es ist das Leben welches ich beschreibe. In jedem Text, in jeder neuen Zeile. Ich beschreibe was mich so berührt. Alles was ich fühle und was mein Herz verspürt. Ist das Leben mich auch am Quälen, höre ich nicht auf weiter meine Sterne zu zählen.

Ein weiteres Jahr es geht zu Ende. Ein neues das beginnt. Ich reise durch die Zeit. Mit den Sternen lichtgeschwind. Gedanken die nicht bleiben, sie trägt der Wind. Die Träume halte ich fest in mir, ich gebe sie niemals wieder her.

Ich nehme das Leben, nicht mehr auf so weite Sicht. Ich genieße jeden Moment, so wie er wirklich ist. Ich liebe mein Leben. Ich liebe mein Leben so sehr. Für alle meine Träume kämpfe ich, ich gebe sie niemals auf oder jemals wieder her! Ich lebe für das Schreiben, für die Einzigartigkeit der vielen, einzelnen Zeilen.

Das Schreiben ist meine Leidenschaft. Sie gibt mir Kraft und zeigt mir was ich alles schaff'. Das Schreiben begleitet meinen Zukunftsblick. Sind die Tage auch mal grau, bringt es mir mein Licht.

Traumwelt

Ich habe so viele Träume. Träume für den Augenblick. Es spielen sich Gedanken ab, meine Welt sie ist erfüllt damit. Da sprießen so viele Ideen. Sie kann der stärkste Wind nicht einmal verwehen. Diese Träume und ich, werden in meiner Welt – niemals zu Ende gehen!

Die Ideen, sie bestehen aus den Gedanken meiner Welt. Ich versuche sie zu beschreiben, du kannst gerne bleiben, wenn es dir hier gefällt. Ich lade jeden herzlich ein, ungezwungen und völlig frei. Fühlst du dich hier wohl, dann bleibe einfach, bleibe doch dabei.

Ideen, die da kommen, sie können nicht mehr gehen. Denn ich halte sie alle fest. Ich lasse sie nicht mehr vergehen. Wenn du wirklich willst, dann komme mit mir. Folge mir und dieser Welt. Du bist von ganzem Herzen eingeladen. Meine, ist von nun an auch deine Welt.

Habe keine Angst und wage den Schritt. Ich werde dir versprechen, in meiner Welt, lässt dich wirklich nichts und niemand mehr zurück. Da sind Träume so groß wie nie. Allein und einzigartig, du bist wahrhaft und frei, staune und sieh, sieh hinein in meine Träume, meine Traumwelt. Getragen auf so vielen Gedankenwellen, wo kein Traum mehr platzt oder zerschellt.

So Gesehen

Meine Träume. Ich bewahre sie auf in mir. Meine Welt. Sie zerstört mir keiner hier. Fühle ich mich verloren und einsam, meine Welt in mir ist mein Zuhaus'. Meine Träume halten mich am Leben. Bei ihnen fühle ich mich geborgen, ich kann dort entspannen und ruhe mich aus. Meine Welt ist ein Ort, wo noch Wunder geschehen. Auch wenn es niemand glaubt, ihr müsst genauer hinsehen. Meine Welt ist bunt und farbenfroh. Sie spendet Zufriedenheit und Licht. Sie ist federleicht und weiß was wichtig ist. Meine Welt gibt mir Gründe, immer weiter zu träumen. Sie halten mich am Leben und wenn man aufgibt – kann man zu viel versäumen. Ich verliere keine Zeit. Meine Welt ist wie mein Herz, endlos groß und horizontweit. Die Sonne strahlt vor Fröhlichkeit.

Was braucht man schon zum Leben? Zum wahren Glücklich-sein? Wichtig sind Werte und Gefühle – reinen Herzens fühle ich sie, ganz mein.
Ein Trend, dem man hinterherrennt, ist er so von Wichtigkeit? Wenn man sich und sein Leben vergisst, ist es nicht verrückt und total sinnbefreit?
Welchen hohen Stellenwert, haben wir dem Standard gegeben? Wie besonders ist etwas Herausragendes? Können wir darüber denn noch reden? Unterschicht, Mittelschicht und Oberschicht. Nach aller Dunkelheit kommt Licht. Weite Wege, lange Reise bis ans Meer. Wer bestimmt wenig oder mehr!?

Glaube, Hoffnung und Wissen – was wir nicht haben, können wir nicht vermissen! Zukunft ist ungewiss und die Vergangenheit hat Bestand. Zeit, sie fließt uns aus der Hand. Was kommt und was bleibt? Was geht? Blätter fallen und der Wind er weht. Es vergeht die Zeit von dir, von mir, weil das Rad der Zeit nicht stehen bleibt.

Bürger Im Land

Die Bürger hier im Land. Sie werden gemolken wie das Weidevieh. Finanziell stark ausgequetscht. Dann geht's zum Doc in Psychotherapie. Die Lage ist hier schon viel zu lange so. Ja sie ist am Eskalieren! Das ist der Stand der Dinge, doch darauf geschissen, denn es wird nur abkassiert! Uns hält man hier alle nur noch zur Massenzucht. So viele Menschen, die hier mit den Nerven durchdrehen. Weil die Manager und Konzernchefs, in uns Arbeitern nur noch die Scheine sehen! Das sind knallharte Fakten, das ist kein Mythos, keine Sammlung von Artefakten! Schau in die Gesichter der Menschen, der Gefrusteten und der Abgefuckten! Banker und Politiker, die auf deine Kosten vier Wände bauen. Alle quetschen sie dich aus, wem kann man hier noch trauen? Wo zieht es mich hin, wo zieht es mich weg? Woher kommt der Schmerz, der mir im Kopf feststeckt!? Enttäuscht und frustriert über alles, was halt so passiert! Kein Wunder, dass nichts mehr richtig läuft und nichts mehr funktioniert! Das Konzept, es ist schwach. Der Ablauf er ist Magerquark. Die Landung war hart. Auch der Start, war alles andere als stark! Wenn ich alles so sehe, was hier läuft und was hier so geht. Holt mir einen Kübel, weil sich mir der Magen dreht! Ich könnte kotzen, dies den ganzen, lieben und langen Tag. Spürt hier irgendjemand noch etwas? Uns alle traf gewiss der Schlag. Ich könnte echt eimerweise, unnütze Scheiße schreiben.

Weil die Industrie sie produziert, wir sie abbekommen und vertreiben. Alles ist so, ohne Sinn und Verstand, glauben alle an nichts zu glauben. Alle nehmen alles hin. Als könnte man aus Scheiße Häuser bauen! Politik, Wirtschaft und all der Dreck – der hier täglich gerührt wird. Er wird zerkleinert und verfeinert – und als unser, täglich Brot serviert! Aus Mangel an der Lust, sich mit Sachen auseinandersetzen, lässt man all die Scheiße zu, mindern dabei unseren Wert zu schätzen. Doch alles was ich hier sage. Was ich schreibe, schade um die Mühe. Wir sind bloß die Lämmer im Stall. Wir werden gemolken wie die Kühe!

Letzte Reise

Es fühlt sich falsch an. Das Bild ist nicht mehr das Gleiche. Ich kann es nicht begreifen, dass du nun nur noch Erinnerung bleibst. Die Momente sind mir nah und sie bleiben wie es immer war. So mach ich es hier auf meine Art und Weise. Schreibe diese Zeilen im Stillen, dir ganz leise.

Nur weil du gegangen bist. Heißt dies nicht, dass du uns verlassen hast. Nur weil du nicht mehr bei uns bist. Heißt dies nicht, dass du vergessen wirst. Wir tragen dich im Herzen. Durch jeden Tag zu jeder Zeit. Bis zu dem Tag, an dem wir uns alle wiedersehen. Der Tag wird kommen, doch muss ich noch meistern meine Lebenszeit.

Keine Spur von dir wird verwehen und kein Zeichen wird je verblassen. Deine Spuren sind gesetzt. Jede deines Lebens, hast du uns hinterlassen. Ich weiß wir alle, wir sehen uns einmal wieder irgendwann. Bei dir gibt's keine Zeitrechnung mehr. Wir müssen stark sein bis dann und wann. Ich weiß genau, du willst uns nicht traurig sehen. Doch du weißt das Bild wird ohne dich, nie wieder mehr für uns das Gleiche sein.

Doch gib uns Zeit – gib uns Zeit. Flieg mit den Engeln Bis wir uns alle einmal wiedersehen, in unser aller Ewigkeit.

Unvergessen

Die Jahre liegen hinter mir zurück. Wie befahrene
Straßen. Mal waren sie hell, mal waren sie dunkel. Voller
Fülle und mal mit Leere befahren. Seitdem du gegangen
bist. Musste ich mein Leben alleine bestreiten. Es gab
Wege mit Freunden, Freude. Doch auch mit Trauer und
Leiden. Manche Wege liegen nicht ganz klar vor mir.
Bewege mich im Nebel, doch du bist da. Weichst mir im
Herzen nie von meiner Seite. Dafür bin ich dir bis heute
noch so dankbar.

Irgendwann habe ich wieder einmal richtig Zeit. Dann
sehen wir uns ganz bestimmt in der Ewigkeit. Habe bis
dahin noch einiges zu tun. Keine Zeit zu vergeuden, doch
ab und an muss ich mal ruh'n. Hast mir stets im Regen,
immer meine Hand gehalten. Auch im Sturm, sowie bei
Wind und Wetter. Mir die Sonne im Herzen erhalten.

Heute danke ich dir, mit diesen Zeilen dafür. Wie du
siehst, räume ich hier gerade mein Leben auf. Ja du warst
und bist ein Teil davon. Unvergessen in meinem
Lebenslauf. Sorry, dass ich manchmal so blöde zu dir war.
Egal wie du mich heute siehst, ich nehme meine Schuld in
Kauf.

Ich habe dich lieb.
Du bist unvergessen.

In Erinnerung

Der Himmel zeigt sich mir in seinem schönsten Angesicht. Im hellen und schönen Farbenlicht. Kann ich dich auch nicht sehen, so weiß ich. Du schaust ab und an von da oben – hier unten auf mich. Ich war damals noch so klein. Diese Welt für mich noch zu groß. Heute weiß ich und begreif ich, wir ließen viel zu früh voneinander los.

Heute schaust du von oben zu. Wie es mir hier unten geht. Bist in Gedanken bei mir. Auf welchem Weg ich auch grad durchs Leben gehe. Du wirst nie von mir vergessen. Nur weil Zeit und Raum uns trennt. Wirst getragen von mir im Herzen. Bis wir alle wieder zusammen da oben sind.

Solange ich noch meine Wege gehen muss. Begleitest du mich jeden Tag. Bis zum Letzten – bis ich dir folge. Der letzte Tag – der am Ende meines Lebens kommen mag.

Der Himmel spendet mir Trost. Ist wie das Licht in dunkler Nacht. Ein heller Schein der mir zeigt. Du hast an mich gedacht. Ich musste meine Wege gehen. Durch diese große und weite Welt. Doch bei allem was ich sah, war dein Stern, der mir den Weg erhellt.

Abschied Nehmen

Deine Haut hat sich verändert. Deine Stimme wirkt so leise. Die Zeit lief uns davon. Es geht nun auf die letzte Reise. In Gedanken und auf Bildern, da halte ich die Erinnerung. Ich weiß so ist das Leben. Unsere Zeit sie geht um.

Vergessen werde ich keinen unserer Momente. Keinen unserer Augenblicke. Tief in meinem Herzen, da trage ich all das was uns verbindet. All das Glück.

Sie nicht traurig. Lass die Tränen nur aus Freude laufen. Lass uns noch mit einem Blick, nach oben zu den Sternen schauen. So geht es auf die letzte Reise. Schwing mit deinen Flügeln sanft und leise. Über den Regenbogen. Da ziehst du nun deine Bahnen, deine Kreise.

Was haben wir gehabt. Was haben wir gefühlt und auch erlebt. Die Momente bleiben erhalten. Auch wenn unsere Zeit vergeht.

Mir fällt es schwer dich loszulassen. Ich weiß ich vermisse dich. Hab eine gute Reise. Ich wünsche dir das Beste, bis du angekommen bist im Licht.

Engelsflügel

Weiß ich wer ich bin. Verliert mein Sein gerade seinen
Sinn? Woher komme ich? Sag mir wo geh ich hin. Was
kann ich tun im Wettlauf. Gegen das Ende der Zeit. Kann
ich den Tod, den Teufel überlisten. Erlange ich
Unendlichkeit? Bin ich nur ein Retter aus verlorener Zeit?
Verpasse ich den Weg, welcher mir geweiht?
Mein Weg war lang und hart. Meine Seele, so manche
Träne weint Warum lebe ich so sehr in meiner Welt?
Warum frage ich mich so vieles selbst? Fragen – Fragen –
sie bleiben offen. Fragen – doch keine Antworten.
Wo trägt es mich hin. Wie weit, wie fern?
Funkelt für mich auch, dort oben irgendwo ein Stern?
Fragen über Fragen. Doch die Antworten bleiben leer
Die Antworten sind wie der Wind, weit verweht, weit
übers Meer.

Bitte schenke mir Trost. Bitte gib mir Hoffnung. Bitte Kraft
in dieser Zeit. Habe so lange nichts zu dir gesprochen.
Doch zu dir mein Wort nicht gebrochen. Vielleicht habe
ich dich in Frage gestellt. Vielleicht durch die Menschen
und diese Welt. Ja nun habe ich mich an dich gewendet,
war lange meiner Selbstbeschäftigung geblendet. Muss
ich mich nun dem Glauben bekennen.
Zwischen Realität und höherer Macht, Gott erkennen. An
dich zu glauben nun schwören. Menschen zu lieben, die
aus Missgunst mir Dinge zerstören.

Bin ich Sünder und glaube nur gelegentlich? Gott, was denkst du, ich frage dich. Ich versuche dich zu hören und dich zu deuten. Doch lasse mir nicht von den Heiden, böses einbläuen.

Ohne Propheten keine Zeilen. Ohne dein Testament keine Beweise. Doch manchmal zu glauben fällt schwer.
Doch der Missbrauch dieser Menschen, in deinem Namen nicht sehr.

Wenn ich geh, lass ich letzten Endes doch so viel hier. Meine Bilder und Gefühle, die ich gut aufbewahre tief in mir. Wo gehen sie hin, nehme ich sie mit, tragen sie mich? Strahlen sie in der Dunkelheit, als mein Licht? Tragen mich dort Engelsflügel? Betrete ich das goldene Tor
Gibt es da ein neues Leben - Zeit danach, ist Zeit davor? Tragen mich die Träume auf den Weg ins Paradies - wird dort alles gut? Denn hier lief manches mies.

Gibt es dort die Freiheit, von der, der Mensch hier träumt. Kennt Gott unsere Sehnsucht? Beginnt dort alles nochmal neu? Ist es eine Zeit, frei von Leid und es ist auch nur morgenweit?
Ist es dort so friedlich, alles ohne das Böse, so lieb' ich es. Kein Reichtum, kein Königreich, man trägt keinen Ballast. Frei vom Smog, kein Stress, Natur pur und keinen Palast.

Denke so darüber nach. Ich hoffe es kommt noch etwas danach. Im Frieden der Ewigkeit. Lebe ich dort, für immer wach? Ich glaube es kaum, ich glaube es kaum. Es muss so sein. Es ist kein Traum. Ich glaube es kaum, ich glaube es kaum Gott kann ich – Ich, mich dir anvertrauen?

Ewigkeit

Du bist damals einfach so gegangen. Doch ich habe dich niemals vergessen. Solange wie ich lebe, trage ich dich tief in meinem Herzen. Bei allem was kommt. Bei allem was bereits ging. Nach jedem Ende, kommt ein Neubeginn.

Die Jahre vergingen. Ich wurde älter und musste meinen Weg gehen. Ich glaube daran und weiß es. Eines Tages werden wir uns wiedersehen. Nicht in Haut und Gestalt. Weder jung oder alt. Nicht in Menschenform – Adern und Knochen. Fern ab dieser Zeitrechnung – weder Tage Jahre oder Wochen.

Sondern in der Ewigkeit. Warte bis gekommen ist, auch meine Zeit. Dann sehen wir uns alle einmal wieder. Das Leben, nach dem auf Erden – ist die wahre Unendlichkeit. Am Ende des Weges, so wissen wir, wenn es uns auch schwer fällt, so müssen wir loslassen.

Wie des Baumes Blätter fallen. Wie die Blüte jener Rose, wenn sie verwelkt. Wenn der Wind die Wellen treibt, schauen wir – noch so gerne hinterher. Unser Leben ist wie das, der Gezeiten. Sie teilen sich wie Geburt und Tod, des Lebens Meer. Der letzte Moment. Wo die Sonne sinkt, noch ein letztes Mal, dein Name uns erklingt. Wo nichts mehr bleibt, wie es war. Nur die Erinnerung, die ein Jeder an dich mit sich nimmt.

So wollen wir nicht loslassen. Was wir schätzen, was wir lieben und wir wünschen uns so sehr „nur einen Tag", jeden Tag, noch mehr. Doch alles hat seine Zeit.
Nun ruhe in Frieden mit den Engeln. An einem anderen Ort. Bis wir sind alle wieder vereint. Ich muss loslassen vom Kummer von den Tränen. Bevor ich daran zerbreche. Ich werde dich niemals vergessen. Dies, ist mein Versprechen

Ruhe sanft und in Frieden... bis wir uns wiedersehen.

Hinfort

Irgendwann trägt es uns alle hinfort. Wie die Blüten im Wind. Doch keiner auf Erden kennt den Ort. Wo wir auf ewig frei sind. Schätze dieses Leben, diesen Wert - das hast du mir mitgegeben. Glaube an deine Ziele, doch achte auch auf deine Gefühle. Leg den Gang ein den du brauchst. Geh die Schritte denen du vertraust. Texte über das Leben und über manche Notlage. Habe wieder klare Sicht nach trüben Tagen.

Damals war ich gefangen in Wut und Angst. Heute ist es Mut und Kraft. Damals habe ich es nicht gepackt. Heute weiß ich, dass es jeder schafft. Das Ziehen der Wolken dauert ewig an. So wie der Aufgang der Sonne und der, des Mondes und der Sternenbahnen. So ist der Zeitverlauf von Anfang an

Sonne und Mond teilen sich Tag und Nacht. Der Mond geht schlafen, wenn die Sonne erwacht. Regen und Wind. Sind ein Teil wie ein himmlisches Kind. Wolken, Wasser, Sand und das Meer. Sind wie der Wanderer auf dem Weg, der ewigen Wiederkehr.

Feuer, Flammen, Sturm und der Wind. Sind Begleiter, eilen umher. Ganz rasch und geschwind Atemzug um Atemzug. Es ist des Lebewesens Tatbestand. Dumm geboren, zu sterben klug. Alt und Weise, geht so von Land. Leben und sterben, dies allein - kann nicht der Sinn, des Lebens nur sein. Lebensform und Zyklusperiode. Geburt der Zeit, das Sterben der Tode. Wo kommen wir her, wo gehen wir hin, was ist unser aller ganzer Lebenssinn?

Leis Im Wind

Wie geht es dir mein Freund. Mir scheint es so. Als sähe ich dich am Horizont. Im großen Wolkenbild.
Ich weiß ganz genau. Ich bleibe wer ich war, vergehen auch die Zeiten. Macht das Leben mich auch älter. Du bist immer an meiner Seite. Auch wenn die Tage ins Land ziehen. Die Sonne erwacht und wieder schlafen geht. Du bist an meiner Seite. Bis zum letzten Moment, an dem auch mein Leben vergehen mag. Du bist immer, immer an meiner Seite. Wirst mich auf jedem meiner Wege, stets und stetig doch begleiten. Auch wenn die Zeit und Atmosphäre uns trennen. Wenn wir uns auch auf Erden nicht mehr sehen können. In mir lebt ein Teil von dir. Du wirst mit auf meinem Wege gehen und wie ein Licht, mir erscheinen, so werden wir uns sehen. Ich versuche so gut es geht und ich es kann. Meiner Trauer den Trost zu geben. Bis ans Ende meiner Zeit. Auf allen Wegen in meinem Leben.

Sei nicht traurig. Auch wenn die Zeit vergeht. Wahre sie zu schätzen. Denn du hast sie erlebt. 1000 Gedanken, 1000 Gefühle, 1000 Worte die nie vergehen. Festgehalten in Momenten. Ich betrete den Raum. Ich könnte schwören, ich kann dich hören und sehen. Es ist kein Traum. Du bist da. In jedem Moment. Du bist nah. Auch wenn die Zeit verrinnt. Sei nicht traurig. Trag ein Lächeln, Wenn du an mich denkst.

Es gibt nichts, was uns wirklich trennt. Bilder unserer Zeit. Momente haben wir geteilt. In mir bleibt ein Teil von dir. Solange ich lebe bist du hier. Wir sehen uns wieder irgendwann. Ja ganz bestimm, auch wenn die Zeit verrinnt. Ich werde dir folgen. Deiner Stimme – die leis erklingt im Wind.

Durch Die Wolken

Viele Jahre sind vergangen. Viel zu lang schon ist es her. Die Gedanken an diesen Tag. Machen es mir tränenschwer. Was ist von allem geblieben. Bist du da wo du jetzt bist zufrieden? Ich wünsche es dir aus tiefem Herzen. Die Ruhe bei den Engeln in deinem Frieden. Würden wir heute nochmal, die Schulbänke drücken. Würden sie nie glauben, dass wir es sind! Doch dieser Traum, er fließt in Tränen. Sie werden getragen, nur vom Wind.

Verdammt! Du warst erst 21! Unser Leben. Deins wie meins, vor dir und vor mir. Boxe mich durch, Tag für Tag und bricht die Sonne durch die Wolken, könnte ich schwören, du wärst hier.

Wir waren doch noch so jung. Unerfahren. Das ganze Leben lag noch vor uns. Was hat dich getrieben, warum hast du dich, für das Ende deines Lebens entschieden? Ich kann es bis heute nicht verstehen. Man verdammt! Wir werden uns in diesem Leben, nie mehr wiedersehen! Zehn Jahre, zehn Jahre! 10! Zehn ganze Jahre. Februar 2007. Verdammt wo ist die Zeit geblieben? Zehn Jahre, zehn Jahre! 10! Zehn ganze Jahre. Es tut mir leid, für meinen späten Nachruf. Entschuldige bitte all die Jahre. Damals, weiß ich noch – warst du wie ich ein Außenseiter. Doch heute, heute wäre unsere Zeit. Ich wünschte du wärst dabei. Warum bist du gegangen? Unser Leben hatte nicht mal richtig angefangen. Man verdammt! 21 Jahre – es ist kein Alter! Heute bleibt nur die Erinnerung, an alles was mal war. Sie begleitet mich in jedes neue Jahr.

Mein Bild Von Dir

Immer wenn die Regentropfen fallen. So denke ich, dass du weinst. Dann male ich mir eine Sonne in Gedanken. Doch in Wahrheit weiß ich, dass es eine Lüge ist. Es scheint mir, als könnte ich dich hören. Doch es sind nur Stimmen in meinem Kopf. Alles ist ruhig und friedlich. Dieser Ort an dem die Rosen rot sind. Es fühlt sich an, als zeigst du mir noch immer Wege, als wärst du an meiner Seite. Doch da ist etwas, dass uns auseinanderhält. Als wären wir gefangen, zwischen Raum und Zeit

Mein Bild von dir, ist nur noch eine Erinnerung. Doch es wirkt noch so lebendig. Was auch immer die Zeit uns nimmt. In mir wirst du immer leben. Ich sehe dich noch immer an deinem Platz sitzen und wie du aus dem Fenster blickst. Ich höre deine Stimme noch immer, wenn ich die Türe öffne. Alles kann ich noch fühlen und sehen. Obwohl die Räume leer sind und dort nichts mehr ist.

Spekulatius – König Der Weihnacht

Spekulatius war ein süßgebackenes Männlein, weil er die Süßigkeiten und deren Duft, sowie die Zutaten liebte – kam ihm die Idee gerade zur kalten Winterzeit, den Menschen eine Freude zu bereiten.
Weil er selbst so süß war, fiel es ihm nicht schwer, weitere Männlein und Weiblein neben sich zu backen. Spekulatius selbst, war so eine süße und feine Rezeptur aus dem er liebevoll gebacken wurde, dass ihm jegliche Zutaten vertraut waren um neue Kreationen zu kreieren. So entstanden neben ihm noch der Lebkuchen ausgeschmückt mit Gewürz und Oblaten und Nüssen sowie Muskat. Weil ihm dieser Gedanke gefiel und Lebkuchen gelungen war, machte er noch weiter. Christstollen mit Puderzucker und Rosinen, Dominosteine mit Geleefüllung, Spritzgebäck mit Schokolade und Marmelade, Crépes mit Zimt und Zucker oder Früchten. Sein Hab und Gut wurde regelrecht zur Feinbäckerei, er merkte es machte ihn zufrieden. Doch es fehlte etwas, so überlegte er. Er beschloss für die süßen Geheimnisse ein Fest zu entrichten, welches einmal jedes Jahr gefeiert werden sollte und bis heute noch gefeiert wird. In Gedenken an die gute leckere und schöne Zeit in solch kalten Tagen. Doch diese Tage sollen besonders sein um auch an die Menschlichkeit zu erinnern. So führte er die Weihnacht ein. Ein Fest zum Andenken an die Menschlichkeit, an das Aneinander denken und sich Freude zu bereiten.

Er führte zu aller Ehre dessen was er backte, den Sankt Nikolaus-Tag ein. Ein Mann hohen Alters, mit langem weißem Bart, in einem roten Mantel, mit Rute und einem Sack, in dem diese Leckereien aufbewahrt werden, mit dem er die Menschen bescheren soll. So soll er Jahr für Jahr den 6. Dezember die Kinder und Erwachsene an dem Nikolaustag erfreuen.

Mit diesem Gedanken, diese Tradition jährlich fortzufahren, sagte der alte Mann mit seinem weißen Bart; Zu Gottes Dank, für all das, was du König des Spekulatiusgebäcks, aus Herzen den Menschen beschert hast, wird zur Weihnacht am 24. Dezember jeden Jahres das Christkind erscheinen und soll in jedes Haus ein und ausgehen, um auch an die Geburt Jesu zu erinnern. Es soll neben mir an deiner und meiner Seite den guten Brauch mitgestalten;

Aus großer Barmherzigkeit und dem Glauben, dass Gott die Menschen liebt, so sagte Spekulatius; Ja das Christkind darf auch Freude und Wärme in die Herzen der Menschen bringen und immer stets an das Gute in unserer Menschlichkeit erinnern und dass sie stets durchs Leben tragen, mit ihren Familien, Freunden, Verwandten, Bekannten, mit allen Menschen dieser Welt.

Diese Tradition tragen wir Menschen nun schon seit hunderten von Jahren durchs Leben, nunmehr mittlerweile sogar tausende.

Was ist heute daraus geworden, was ist an dem Miteinander noch von Wert?

Merve Und Koffy (Für Literatur-Wettbewerb 2019)

Es sind Linien. Lebenslinien. Manche die sich im Leben kreuzen. Aber auch die, die im Leben parallel verlaufen. Obwohl sich einige kreuzen und andere doch parallel verlaufen, so haben sie eines gemeinsam. Eine Geschichte.

Dies ist die Geschichte von Merve und Koffy

Merve ist ein recht junges Mädchen. Sie ist mit ihren Eltern auf Reisen, aber was heißt auf Reisen. Sie ist eine Vertriebene. Hat Hab und Gut im Koffer eingepackt. Es geht in die Fremde, aus der Heimat in ein anderes Land. Merve ist ein schüchternes Kleinkind, ein Mädchen, welches schon viele Dinge ansehen und ertragen musste. Dinge von Bildern wie etwa Krieg, Tod, Hass, Trauer. Warum?
Ja die Frage mit dem Warum, ist die Frage, die sie auch beschäftigt, aber ihre Antworten bleiben in der Leere, welche sie umgibt. Nur die Tatsache aus der Heimat fliehen zu müssen, ist ihre Realität und eine nicht sehr trostvolle und auch nicht die erwünschte Antwort auf ihr Warum.
Merve hat ihren Koffer dabei. In diesem sind ihre Kleidungsstücke, ein paar zerfetzte und eigentlich weniger brauchbare Kindersachen. Dinge die ein Kind in dem Alter, in welchem Merve ist, nicht haben sollte. Es sollten sich doch Spielsachen darin befinden, schöne

bunte, lustige Kindergeschichten und Fabelmärchen. Es ist also noch reichlich Platz im Koffer so zusagen.

Aber bei genauerem Hinsehen, wenn Merve ihren Koffer öffnet. Kommt ihr ein Lächeln ins Gesicht. Ein Lächeln, das von Hoffnung getragen wird und irgendwie seltsam Licht in das Dunkel scheinen lässt.

Ihr Koffer ist voller, als es je ein Mensch wahrnehmen wird. Denn Merve hat bei allem was sie sehen und erleben musste, in dem Koffer ihren besten Freund gefunden. Denn er war schon immer bei ihr und ihm hat sie alles anvertraut, was ihr wichtig ist und was ihr etwas bedeutet. Ihre Träume vom Glück, Ihre Hoffnung auf Frieden, dass die bösen Menschen eines Tages nicht mehr diese bösen Dinge tun. All dies, trägt sie mit sich in ihrem Koffer.

Es sind Träume einer besseren Welt, einer friedliebenden Menschheit.

Während sie so still dasitzt bei der „Reise", reden ihre Eltern, traurige und verzweifelte Gesichter die sie, bei ihnen wahrnimmt malen das Bild des Tages, wie er sich zeichnet.

Für Merve ist der Koffer eben einfach mehr als nur ein Koffer. Er ist ihr Freund, wem sie alles anvertrauen kann, was sie auch nur möchte und kann. Ein Freund der ihre Gedanken und Träume sicher verstaut, wo sie niemand von den bösen Männern zerstören oder auf irgendeine Weise gefährden, das zunichte zu machen, woran sie glaubt und welche Hoffnung sie trägt.

Da Merves Koffer auch gleichzeitig ihr bester Freund ist, hat sie dem Koffer auch einen Namen gegeben. Merve besitzt keine Spielsachen wie andere Kinder in ihrem Alter. Sie hat keine Stoff- und Kuscheltiere. So hat sie ihren Koffer eben Koffy genannt.

Koffy, dem sie alles anvertraut – materielle Dinge, wie aber auch eben ihre immateriellen Dinge. Koffy ist für sie mehr ihr Ort der Geborgenheit, für andere Menschen eben nur ein Koffer, doch diesem Reisegegenstand vertraut sie ihr ganzes Leben an. Die Reise verging. Wochen sind vergangen, Merve und ihre Eltern haben das Ziel der Reise oder viel mehr das Ziel, nach der Vertreibung erreicht. In einem anderen, fremden Land angekommen. Merve und ihre Eltern haben sich mit der Zeit eingelebt, können all die tragischen Erlebnisse verarbeiten. Merve besucht auch nun eine Schule, in der sie integriert wird. Sie ist sehr ergriffen, weil sie nun ein Leben hat, was für andere Kinder um sie herum, als so selbstverständlich wirkt und so angesehen wird.

Freunde fand sie anfangs sehr schwer, aber mittlerweile gibt es Freunde um sie herum. Eines Tages, als sie von der Schule nach Hause ging, wartete ihre Mutter mit einem Geschenk auf sie. Ein Geschenk welches sie fröhlich machen sollte, doch in ihr Traurigkeit hervorrief. Merves Mutter hatte ihren alten, nicht so gut erhaltenen Koffer entsorgt und ihr eine ganz neue, schöne, kindgerechte Schultasche gekauft. Die Mutter rührte zu Tränen aus Freude, Merve rührte zu Tränen, weil ihr bester Freund Koffy nun so einfach weggeben wurde und sie ihn nie mehr wieder sehen wird.

All die Träume, die Hoffnung, die Erinnerungen – all die ganzen emotionalen Werte. Der Ort der Geborgenheit weg. Einfach weg. Ein Abschied – aber auch ein Neubeginn für Merve.

Koffy wurde zur Müllentsorgung gebracht. Müllarbeiter, in deren Augen Koffy, ein einfacher, alter, kaputter, nichtsnutziger Koffer mehr ist.

Ja wir ziehen alle Linien im Leben. Manche kreuzen sich, manche aber verlaufen parallel im Leben. Aber eines ist wie es ist. Alles hat eine Geschichte

Dies war die Geschichte von Merve und Koffy. Eine Geschichte mit dem Verlauf von Linien. Lebenslinien.

Leben Und Tod

Des Todes Ausdruck, er ist schaurig. Wenn wir sterben, gehen wir, das ist traurig. Doch stellt man sich einmal vor - Wir leben weiter, nur in einer anderen Form. Werden wir verteilt, in Luft und Zeit. Wie viele kleine Teilchen. Sind die Jahre hier auf Erden. In der Unendlichkeit nur ein Weilchen. Geht's weiter an einen fernen Ort. Werden wir alle, doch wiedergeboren. Die Vorstellung, der Traum. Vielleicht mag es so kommen. Die Auferstehung nach dem Tod. Wiedergeburt durch Gottes Hand. Die Erde, unser aller Heim. Verteilt, auf der ganzen Erde – Heiland. Doch das Jetzt und Hier. Alle denken an dich und reden von dir. Ich schweige, Tränen laufen, es muss weitegehen. Hast du immer selbst gesagt, doch es ist schwer. Der Tisch bleibt ungedeckt. Dein Stuhl ist nicht besetzt. Draußen Regen, grauer Tag. Dein erster Geburtstag ohne dich. Leise Stimmen im Wind. Die da für mich zu hören sind. Farblos und leer. War doch immer so viel Leben drin. Der Zeiger tickt. Der Wind er weht. Die Zeit vergeht. Doch irgendwie bleibt alles stehen. Der Tag er geht. Es beginnt die Nacht. Bis ein neuer Morgen erwacht. Doch irgendetwas, sag ich dir, bleibt stehen. Die Sonne trägt ihr hellstes Kleid. Das Abendrot verbreitet sich horizontweit. Die Lichter gehen an und aus. Doch irgendwie bleibt alles stehen. Die Sterne am Himmel ziehen vorbei. Dein Platz am Fenster er bleibt frei.

Blätter fallen vom Baum und es fegt der Wind. Doch irgendwie bleibt alles stehen. Blumen blühen. Der Winterschlaf erwacht. Ich habe wieder mal die Nacht zum Tag gemacht. Alles verläuft. So stetig vor sich hin. Laut und leis. Doch für mich bleibt alles stehen und auch alles gleich.

In Farbe Auf Papier

Schenk mir ein wenig Zeit. Für Tage der Trauer doch auch wieder für Fröhlichkeit. Gib mir die Zeit, die ich brauche. Bis ich wieder stark genug bin und singe und laufe Schenk mir ein wenig Trost. In dieser Zeit der Trauerstille. Schenk mir ein wenig Zuversicht. Stärke meinen Glauben und meinen Willen. Der Tod kommt immer so erschreckend. Wie ein Hauch, den Atmen so erstickend. Er schließt die Türen, sie bleiben geschlossen für immer. Fühlt sich an wie Einsamkeit, verloren und allein im Zimmer. Würde ich vieles, dir gerne noch sagen. Aus meinen Erinnerungen und aus Kindertagen.

Schiene die Sonne ein letztes Mal dabei. Vielleicht bekomme ich eines Tages, noch mal diese Gelegenheit. Uns trennt die Zeit, doch dein Weg ist nicht mehr weit. Fließen Tränen und ich weine. Weißt du immer, dabei denke ich an dich und an unsere gemeinsame Zeit. Es kommt der Tag. An dem ich dir folge, dann sehen wir uns wieder. Bis dahin bist du in meinen Gedanken. Mein Trost und mein Freund, in so manchen Liedern. Mir kommt es noch vor. Als scheine das Licht deines Bildschirms. Durch den Spalt der Tür. Bis auf den Flur, so als wärst du noch immer hier. Ich höre sie alle sagen,

mir klingen deren Worte in den Ohren. „Alles muss weitergehen", auch die Zeit geht weiter. Weil sie wird nicht nach mir sehen. Ein kleiner Funken Hoffnung. Er zieht vorbei und ich greife nach ihm. Hast du ihn mir geschickt? Er soll an meiner Seite, mit durch das Leben gehen? Was wird aus deinen Sachen.

Die doch dich gewöhnt und deine sind. Alles hast du zurückgelassen. Es wird getragen nun vom Wind. Kein einziger Moment,
nicht einmal die gleiche Zeit - wird jemals wieder, dieselbe sein. Es fühlt sich so, anders an - unvollkommen und allein. Es bleiben Bilder von dir.
Im Herzen tief, wie in Farbe auf Papier. Wohin auch deine Reise geht. Alles Gute, mag es dir wohlergehen, ich wünsche es dir.

Mehr

Danke für deine Liebe. Für deine Zuversicht und Kraft. Für die Stärke an den Tagen, an denen ich keine hab'. Danke für deinen Rückhalt. Für all die ganze Zeit. Unser Weg hat viele Schritte, auch mir ist keiner zu weit.
Nichts wünsche ich mir mehr von dir – wie zu bleiben. Ich weiß, ich brauche viel Zeit für mein Seelenheil. Darum sitze ich so oft und bin am Schreiben.
Danke für dein da sein. Danke dafür, dass du mich umgibst. Du bist das Glück in meinem Leben. Es gibt nichts, was ich mehr lieb'.
All die schöne Zeit mit dir. Es scheint als ob ich doch gesegnet sei. Alles was ich sehe und erlebe. Es kann nicht alles umsonst gewesen sein.
So geht's immer weiter. Gemeinsam durch das Leben dieser Welt. Gegen alles was mal war, ist das Leben heute so, mit dir, wie es mir gefällt.
So fließen Träume nun zusammen. Bis ans Ende der Zeit Hand in Hand. So hätte ich es nie gedacht. Träume, nicht mehr nur aus Sand!

Lieder

Lieder sind Gefühlslagen, ob gestern, heute oder morgen, ganz gleich an welchen Tagen. Sie beschreiben Liebe, Glück, Freude, Kummer, Trauer und Seelenklagen. Egal was sie erzählen, es sind Antworten auf unser aller Fragen, werden wir je glücklich, gibt es Hoffnung? Oder ist sie längst begraben? In manchen Liedern ist die Hoffnung da, doch schwer nur auszugraben. In manch anderen liegt die Wahrheit offen, doch diese ist manchmal nur schwer zu ertragen.

Manchmal musst du lachen, obwohl du weinen wolltest. Woran es liegt ist, was du dir und mir nicht erklären konntest. Doch mache dir nichts daraus, mir ging es schon genauso. Warum wir werden, wie wir sind, das macht das Leben aus uns. Lieder geben Kraft und Mut. Alles was mühselig ist, wird durch diese Zeilen wieder gut. Zumindest in ganz vielen Fällen, wenn schlechte Zeiten, sich zu guten wenden. Lieder geben Trost und Antrieb. Alles was man so verhasst, hat man vielleicht mal wieder lieb. Alles was nicht mehr da ist, ist was nie lange bei einem, da blieb.

Lieder sind Gefühlslagen, ob gestern, heute oder morgen, ganz gleich an welchen Tagen. Sie beschreiben Liebe, Glück, Freude, Kummer, Trauer und Seelenklagen.

An Diesem Tag

Ich erinnere mich noch, wie es damals war. Die
Schulwege waren nicht leicht, doch wir waren am Start,
doch nichts war klar! Seit dem, du gegangen bist, hat sich
viel verändert. Es ist nichts mehr wie es mal war, kann die
Zeit nicht zurückdrehen, nicht mehr einholen. Mir bleiben
nur unsere Lieder, du bist da – in jeder Zeile dieser Texte,
in jeder Strophe, in jedem Ton.
Irgendwann werden wir uns wiedersehen und alles
wiederholen. Doch bis dahin denke daran, an unsere Zeit,
gib mir Zeit, bis ich bereit bin. In der Ewigkeit, gehen wir
gemeinsam mit der Zeit – ein Leben lang.

Und immer, wenn unser Lied ertönt. Wenn Kevins
Stimme durch die Boxen dröhnt. So weiß ich du bist da,
auch wenn wir uns nicht sehen. Ich kann dich fühlen,
spüre dich atmen, du bist da. Warte bis ich dir folge, es
kommt der Tag. Das Ende ist unausweichlich und dann
sehen wir uns wieder an diesem Tag.

Mittlerweile ist viel passiert. Weiter geht's, weil immer
irgendetwas geht. Manchmal seltsam und skurril, schwer
zu fassen, doch wer bremst verliert. Über all hört man
diese Sätze, so haben wir dies auch zitiert. Sehe noch
heute die Blumen im Kopf, die dein Grab verzieren. Mein
Leben geht so stetig weiter, setze Schritt um Schritt, ich
gebe nicht auf, nein! Ich gehe weiter! Manchmal alles so
schwer zu kapieren, zu verstehen wie die Lebenswege
verlaufen.

Damals dachten wir an keine Konsequenzen oder Grenzen, heute denke ich mir, verdammt sie waren zu gebrauchen! Vielleicht wärst du dann noch hier, genau jetzt, genau neben mir. In Haut und Gestalt, nur die Besten sterben jung, doch es ist so traurig, denn sie werden nicht alt! Sie werden nicht alt!

Fotoalbum

Manchmal lassen wir etwas zurück auf unserem Weg.
Doch schauen hin und wieder mal zurück. Bleibt auch nur
ein kleiner Teil vom Glück. Manchmal werfen wir unser
Glück einfach über Bord. Ganz einfach in den Dreck. Wir
wischen einfach alles weg, doch verstehen uns selbst
nicht, bei jener Erinnerung zurück.

Manchmal ist ein kurzes, kleines Wort im Augenblick zu
viel. Das Herz ist ergriffen, die Seele verletzt. Seltsames
Spiel mit dem eigenen Gefühl. Keine Zeit kommt je
zurück, kein Tag und keine Stunde, kein winzig kleiner
Augenblick. Vielleicht hielt ich mal Glück in meiner Hand,
bis es mir entglitt und wieder verschwand. Doch dies alles
zählt nun jetzt nicht mehr. Ich betrete ein neues Jahr, was
war bleibt hinter mir, traurig ist es dennoch, klar! Doch
neu das Leben, gestaltet sich vor mir und ich habe Lust
darauf. Darum gehe ich Richtung Zukunft, ab jetzt und
genau von hier.

Vieles ist geschehen, vieles liegt zurück. In Erinnerung
erhalten, doch will kein Stück zurück. Fühle mich
gemästet, vollgepumpt und aufgebläht. Bilder die nie
vergehen, die Seele sich vom Vergangen sich noch
ernährt. Doch die Stimme in meinem Kopf sagt, „Jetzt ist
Schluss"! Neue Bahnen, denn bei den alten lief gehörig
etwas verkehrt. Vieles ist gegangen, vieles liegt noch vor
mir.

Mit dem Glauben und der Hoffnung, da begegne ich vielleicht auch dir. Fühle mich wie ausgebüxt, frisch geschlüpft und neugeboren. Vieles kann ich haben und erreichen, ich vergesse nach und nach all das, was gilt verloren. Zeit einen neuen Weg zu ebnen, vergangenes wird ruhen, manche Bilder die auflebten. Sie sind in der Wirklichkeit nicht am Leben, habe das Fotoalbum verbrannt, wo sie alle einst mal klebten.

Mein Leben, Der Weg Den Ich Ging

Mein Leben, der Weg den ich ging – er ging steil Berg ab, nicht auf. So habe ich es gefühlt und Empfunden. Trotzdem stehe ich hier und gebe nicht auf. Ich gehe weiter, weil der Weg sich lohnt. Ich habe diesen einen großen Traum. Vielleicht meint Gott es mit mir gut und er schenkt mir diesen Tag, wo ich spüre, meine Mühe wird belohnt. Tage die mich runterzogen, an denen ich gelitten und geblutet habe, sie waren da! Ich schreibe sie raus, meine Wahrheit ist nicht verlogen. Ich ging einen Weg, den ich niemandem wünsche, doch ich habe ihn ertragen, obwohl ich heute manchmal geknickt bin und nach dem Sinn in allem Frage. Was ich erlebte, was mich quälte, was ich einsteckte und was mich prägte!

Alles was ich hatte, alles was ich fand – habe ich wieder verloren. Es ist wie es ist, wir sind zum Sterben, geboren. Leben um zu sein, zu leben, zu lieben, zu verzeihen. Nach all den Schmerzen und dem Kummer, nach der bitteren Traurigkeit, fand ich doch meinen Trost. Die Musik, Lieder die ich höre und mein Leben, das ich in die Texte schreib'. Ich stand in meinen Tränen, gefühlt mein eigen Leid, in meinem Körper. Gedanken, Geist – an meinem eigenen Leib! Heute geht's mir besser, doch diese Zeilen müssen raus! Auf das was kommt und werde, dass die Liebe mich begleitet und bei mir bleibt.

Ganz gleich was kommt, was steht und fällt. Dieser Junge von damals, hat nun seinen Platz in dieser Welt. Was ihr auch parat habt, oder mir noch antragt, ich kämpfe weiter, mein Versprechen an mich selbst! – Handschlag – Niemals gebe ich auf, oder mich euch jemals noch einmal unter, kämpfe mit jedem Herzschlag!
Ich wurde zu diesem Kämpfer, wenn ich etwas tu, dann nur mit Herzblut! Mein Leben ist kein Märchen, aber ich setze alles daran, um zu sagen: „Am Ende ist alles gut"!

Ich will nichts mehr bereuen. Nichts mehr verschieben. Ich will später nicht sagen müssen, „Alles war vergebens"! Also werde ich nun tun, was mich glücklich macht. Ich erhebe das Glas, auf den Rest meines Lebens. Vergeben und vergessen. Ich wurde wie ich bin, nie wieder Scheiße fressen! Ich nehme alles – nur nichts mehr so einfach hin.

Herzmensch

Du wirkst getroffen. Zerschlagene Träume. Denkst an die
Vergangenheit zurück. Hältst viele Scherben in deiner
Hand, doch vergangen ist das Glück. Du lachst am Tag,
weinst in der Nacht. Ich schaue nicht weg, es sehe es
nicht – hast du das wirklich gedacht? Deine Blicke sind
traurig. Mitgenommen, leer. Der Ballast auf deiner Seele,
ja mein Freund, er macht dir deinen Weg so schwer.
Doch bitte zerbrich dir nicht mehr den Kopf über das, was
nicht mehr zu ändern ist. Bitte versuche durch die Zukunft
zu gehen, mit einem Strahlen im Gesicht. Vergangenes zu
ändern. Nein! Daran machst du nichts!

Auch wenn Trauer dich begleitet. Wenn Tränen fließen an
jenem Tag. Du bist nicht alleine, ich bin und bleibe immer
für dich da. Ich weiß dein Vertrauen ist schwer, es ist
gebrochen. Müssen Wunden erst verheilen, ich helfe dir,
versprochen! Lass das Leben wieder an dich ran, versuche
dir selbst eine Chance zu geben. Sie hat es verdient, du
verlierst nichts, außer irgendwann dein Leben! Also geh
raus, lebe dich aus. Nimm es wie es kommt, aus diesem
Leben kommst du nicht lebendig raus. Los jetzt lebe, halte
dich bitte selbst nicht auf.

Man hat mir oft Steine in den Weg gelegt. Doch ich habe
Mauern überwunden, ich will dir zeigen, dass es geht.
Wenn keiner auf dich setzen will und niemand an dich
glaubt. Dann hast du nichts mehr zu verlieren, weil man
dir nichts raubt! Meine Träume, meine Wünsche.

Meine Hoffnung trage ich tief in mir. Man konnte mir sie nicht nehmen und jetzt teile ich sie mit dir. Ich habe geweint. Ich lag in meinen Tränen, in meinen Trümmern, in meinen Scherben. Doch ich bin zurück, lass dich fallen an meine Schulter, für diesen Augenblick.
Ich war gefallen, ja ich lag im Dreck. Doch ich bin aufgestanden, nur die Reste wischt man weg! Als keiner auf mich setzen wollte, als niemand an mich glaubte. Da konnte ich nur gewinnen, weil ich vielen, das Gefühl des Siegens raubte!
Heute stehe ich hier, stolzer Brust, bin neu aufgestanden. Ich will dir zeigen, dass es geht. Bei mir, hast du deinen Platz zum Landen.

Ich bin dieser Herzmensch. Immer nach dem Sinn am Suchen. Manchmal gibt es keinen, dann es ist sinnlos. Doch ihn finden wollen, legt sich über mich so wie ein Fluch. Dieses „Kontrolle nicht verlieren wollen". Es macht mir oft das Leben schwer. Herzmensch zu sein, es ist nicht immer leicht. Man steht ständig für sich ein. Manchmal ist man wie gefesselt, denn es engt einen sehr ein. Manchmal sucht man diese Freiheit. Dieses Losgerissen-Sein. Suche diese Flucht nach vorne, in der Dunkelheit, den hellen Mondenschein.

Einfach weg, weit weg. Kopf im Glück und Hals im Dreck. Einfach mal ganz weit weg. Blicke nach vorne und nicht einmal mehr zurück. Neues sehen, Neues entdecken. Nicht länger traurig leben, lieber freudig am Leben teilnehmen.

Herz Und Feder

Es war nicht die Kindheit, so wie ich mir sie wünschte, wie sie werden sollte! Heute frage ich mich, „Ist mein Leben so, wie ich es wollte"?
Sicher nicht!
Doch ich kann nicht mehr ändern, was nicht mehr zu ändern ist! Alles liegt so lange zurück. Doch ich verbessere mich. Ich verbessere es, den Umstand, der heute noch zu verbessern ist. Geschichte geschrieben, in Haut und mit Adern. Meinen ganzen Lebenslauf. Auf meinen Knochen und meinen Schultern. Trug ich Lasten, doch ich wachte auf! Der Eine will und der Andere hat es. Ich sage dir, „die Erfahrung macht es"! Wer hat es mir dir ernst gemeint, wer stand wirklich, zu seiner Ehrlichkeit? Da ist kaum jemand, der übrig bleibt. Das ist der Tatbestand, den das Leben schreibt. Dann sei bereit und greife an, es verliert der, der Feigheit zeigt.
Verstehst du was ich sage, weißt du was ich meine? Dann wird meine Welt auch deine! Fürchte keine Fehler, denn die begeht im Leben jeder! Nur wenige stehen dazu. Trage deinen Mut. Fass dir ein Herz und sei leicht wie eine Feder.

Die Reise

Wo geht die Reise hin im neuen Jahr, was bleibt erhalten so wie es war? Alles vergeht, doch was gut ist kommt wieder. Doch ich möchte, dass das Gute bleibt. Wie das immer wieder Hören, von Lieblingsliedern. Momente und Erinnerungen, fest eingebrannt in meinem Hirn. Die Zeit war schön, Brust raus, Bauch rein. Der Schweiß tropft mir von der Stirn. Ich liebte von diesem Jahr, echt fast jeden Tag. Vor Freude schlug ich ein Riesenrad. Freude und Trauer, es brachte alles mit. Erinnerungen bewahre ich auf, mit jedem neuen Schritt. Mit dem neuen Jahr, bricht wieder ein Stück der Zukunft an. Abpfiff, Abfahrt – Ankunft. Auf geht's in den Neuanfang. Neues Jahr, vielleicht auch mal ein altes Leiden. Neue Zeilen, doch mit Altlast am Schreiben. Neue Kraft, neuer Mut, neue Zeiten – so hätte ich es gern. Wer kann mir dies, so unterschreiben?

So fährt der Zug in Richtung nächstes Ziel. Ich setze auf neues Glück im neuen Spiel. Was geht, was kommt, was bleibt zurück? Ohne Halt und ohne Beirren, geht's nach vorn mit Zukunftsblick. Zur Feier des Lebens, tanze ich den Freudentanz. Lebensnah und lebensecht, immer voll und ganz. Ein neues Jahr, neue Tage, neue Horizonte, neue Zeit. Nichts Erwähnenswertes, wird begraben im Sand der Vergangenheit.

Es geht in ein neues Jahr, bin mit im Rennen. Nur noch JA und NEIN, schwarz/weiß – Farbe bekennen! Auf der Straße durch das neue Jahr geht's im vollen Karacho.

Auf „Maximum Speed" ist die Nadel von meinem Tacho. Eine endloslange Liste, schreibe ich nicht, so voller blödsinniger Vorsätze! Weil ich mich diesen Zwängen nicht unterziehe, so wie ich mich einschätze! Eines steht fest, so wird's im neuen Jahr. Ich handle nach Prinzipien, also Leute kommt damit klar!

Start- und Zielgerade, sie wird von mir befahren. Bei allem was da kommt, so weiß ich auch, lauern Siege und Gefahren. Im letzten Jahr hieß mein Motto „Mach Dein Ding"! – Dieses Jahr folgt Teil zwei – ich ballere hier die Fortsetzung hin! Es geht ins fünfte Bühnenjahr. Gib mir das „Mic", die Klappe fällt schon wieder mal. ENTGEGEN DER ZEIT – ist meine Lifeline. Das Schreiben ist meine Medizin, ich werde sie niemals leid sein!

Längengrade

Ich wollte so gerne ein anderes Leben. Mit Selbstbestimmung und Herzgefühl. Weil mir das Leben, das die Menschen leben nicht gefiel. Ich hätte allzu gerne, die Breite der Ozeanweite. Bei allem Grad der Länge. Das volle Durchschalten meiner ganzen Gänge!
Ich wollte, dass die Träume, nicht mehr nur Träume bleiben. Ich wollte sie so leben, wie meine Seiten sie beschreiben. Realität und Traum. Vergleich zwischen IST und SOLL. Verhältnis zwischen, nicht gewesen und was war toll?
Doch Träume sind unendlich. Neuentdeckung und neues Land. Neuentstehung von Raum und Zeit. Im Traum, ein ewiger Bestand. Träume zu träumen. Ja Träume wirklich zu haben. Hilft in so manchen Momenten, hin und wieder an manchen Tagen.

Träume sind die schönsten Gedanken. Wenn wir auch in die Tiefe fallen, so wissen wir genau, können wir bei ihnen landen.

Was wäre das Leben ohne Träume?
Ein großer, leerer Planet!

Welt Zusammen

Ich möchte mit den Wolken ziehen. Mit ihnen Richtung Freiheit fliehen. Mit den Sternen möchte ich Kreise drehen. Von ganz oben auf die Erde sehen. In meinem Kopf lasse ich es zu. Diese grenzenlose Schwerelosigkeit. Ich tauche ab in meine Träume, bin losgelöst vom Platz der Zeit. In meiner Welt blühen alle Farben. Aus den Kanonen schießen Rosen. Die Kugeln schießen Frieden. Der Hass, wird ausgelöscht durch Liebe. Menschen, Tiere – Lebewesen. Sie gemeinsam vereinen diese Welt. Die Welt in meinem Kopf, in meinen Träumen. Dort wo sie niemals zerfällt.
Träumst du mit?
Träumst du auch?
Solche Gedanken, träumst du auch?
Komm', wir legen unsere Welt zusammen.
Wir bauen sie uns, auf Erden auf.
Lass uns träumen und Flügel wachsen. Lass uns fliegen. Weit hinaus über Grenzen. Lass uns leben und lieben. Lass uns leben ohne Schmerz und ohne Trauerleid. Entfernt vom Bösen, von all dem weg – unendlich weit! An dem Platz, wo du am Träumen bist. Ist wo die Hoffnung lebt und wächst. Träume und Gedanken sind der Beginn, von dem was wird, gib dich ihnen vollkommen hin.

Christmas Eve

When the winter comes. The world changes into a picture of fairy tale.
The hearts of the people appear cheerful and countervailed.
The Christmas story is rewritten every year. It is the time in which people reflect and remember to be human. Do you can feel the peace is near?
It is Christmas eve
Christmas eve
Make it snow, make it snow
HO, HO, HO
It is the time of warmth the heart
Enjoy it
Stay slow, stay slow
Christmas time
HO, HO, HO

Wenn der Winter kommt, verändert sich die Welt in ein Märchenbild. Die Herzen der Menschen wirken lebensfroh und ausgeglichen.
Die Weihnachtsgeschichte schreibt sich jedes Jahr neu. Die Zeit, in der die Menschen sich besinnen Mensch zu sein. Kannst du es fühlen?
Der Frieden ist nah!
Es ist Weihnachten
Weihnachtszeit
Lass es schneien, lass es schneien
HO, HO, HO

Main Frankfurt

Es ist meine Stadt
Ich mag die Art und das Gefühl vom Leben
Frankfurt meine Heimat
Es hat mir immer etwas zu geben

Ich mag es in dieser Stadt zu sein
Alles am Pulsieren – Vielfalt der Kulturen
Ob am Römer, auf der Zeil oder in der Commerzbank-
Arena
Ich bin gern unterwegs auf Frankfurts Spuren

Diese Straßen die ich befuhr
Waren Straßen von Glück und Freiheit
Das Gefühl wie zu dieser Stadt
Hatte ich zuvor, noch zu keiner Zeit

Meine Stadt ist Frankfurt
Frankfurt am Main
An der Uferpromenade bin ich so gern
Dort schaue ich hoch auf die Skyline

Frankfurt – Frankfurt
Ja ich bin ein waschechter Hesse
Da von wo man herkommt – dies wird man nie vergessen
Frankfurt es ist meine Stadt

Viel gesehen und viel erlebt
So groß und weltoffen
Ja Frankfurt ist – wo immer etwas geht
Was du nicht vergisst, ist was du im Herzen bist

Diese Stadt und dieses Leben
Diese Menschen zeichnen es aus
Einmal dort gewesen
Und ich wollte nicht mehr aus Frankfurt raus

Die Stadt, diese Metropole am Main
Da hatte ich schöne Zeiten
Gute Erinnerungen
Die mir noch lange erhalten bleiben

Zeitpunkt

Die Zeit sie vergeht. Während du dein Leben lebst und von der Vergänglichkeit Gebrauch machst, dreht sich der Zeiger unaufhaltsam stetig weiter. Warum also das Leben verschieben? Warum auf den richtigen Zeitpunkt warten? Wäre mein Leben morgen zu Ende und wäre ich mir dessen voll bewusst, so würde ich doch heute nicht auf den richtigen Zeitpunkt mehr warten, den meine Gedanken mir malen. Dann wäre der richtige Zeitpunkt genau jetzt! Hier und heute!
Genau dieser Moment.
Also worauf warten? Verschiebe keinen Zeitpunkt. Denn der Zeitpunkt ist gerade jetzt in diesem Augenblick.

Aus Dem Leben

Ich weiß, von jedem meiner Texte ist für jeden von euch etwas dabei. Weil sie aus dem Leben sind, selbst erlebt ob Träume oder Ziele. Alles festgehalten im Lauf der Zeit. Gekämpft und gebangt, enttäuscht und bedankt. Das Leben kennengelernt, Situationen und Dinge erkannt. Nicht alles läuft immer nach Plan. Die Richtung konstant, doch viele Wege. Bei allem was auch war und kommt. Es ist die Stelle von der ich mich fortbewege.
Gehofft, geträumt und geglaubt. So viel gewollt und aufgebaut. Manche Brücken wieder abgerissen. Doch was soll es, so ist das Leben, also drauf geschissen!
Mancher Start war steil und die Landebahn noch steiler! Doch egal wie weit und wohin es geht. Ich mache immer weiter.
Nicht das Leben aufgeben, das Glück erneut vom Boden aufheben! Eine Annonce zum Ziel erreichen – wieder dem Leben mit auf den Weg geben

Bessere Zeiten

All der Frust, all die Wut geben mir Kraft nicht aufzugeben. Meine Träume und Ziele, sie halten mich am Leben. Bin ich greift? Vom Pessimisten zum Optimisten. Begriffen und doch eingesehen, dass das Leben nicht nur triste ist.

Ging ich – durch all die Stürme der Zeit. Als ein Pionier, von Jahr eins bis heut' und hier?

Meint Gott es mit mir gut, steht die Sonne an meiner Seite? Fragen hab' ich, die niemals vergehen – die kein Ende zu finden scheinen!

Wenn jemand wüsste wie es mir geht, seit meinem Burnout, meinen Depressionen – dass ich leide wie ein Hund, ich schreibe mir die Finger wund!

Herz am Stechen, Seele schmerzt voller Traurigkeit. Ich halte immer nur durch und durch – immer nur durch! Dabei erleide ich die krassesten Seelenschmerzen.

Ich könnte schreien vor Schmerz. Doch ich bleibe stumm. Ich suche etwas, doch da draußen gibt es nichts für mich. Traurigkeit, sie ist mir so vertraut. Mein Leid beklagen – immer und immer wieder, an allen neuen Tagen!

Ich will tun was mir Spaß macht. Es ist mein Leben, dass das klar ist!

Ich will und kann tun, was ich will! Ich will weg, ich will raus – ich lebe mich aus! Ruhe und Gelassenheit, wo sind sie geblieben? Wo kamen sie ab von der Zeit – sind sie noch greifbar oder fern ab und dies so weit!?

Unbewusst

Keine Ahnung wohin es geht
Keinen Plan von dem was noch so kommt
Was im Meer der Zukunft liegt
Im Sonnenschein zu schimmern beginnt

Unbewusst
Wie weit die Reise wird
Wo das Ziel, das Ende ist
Und so treibe ich voran

Ich treibe voran
So wie der Zug des Lebens
Immer auf dem Weg
Bin mir sicher, irgendwann komm' ich an
Es ist schwer mit dem Kopf –
So schnurstracks gerade aus
Ich verpasse die Farben und Freude
Denn ich lasse sie aus

Ist das Leben?
Das kann kein Leben sein
Stumpfsinnig und primitiv
Lauf ich am Leben vorbei

Es macht mich traurig
Es schmerzt, es macht mich kalt
Immer auf dem Weg
Doch bin mir sicher, irgendwann komm' ich an

Ich Änder' (Rap Für Die Bühne 2020)

Zeit, dass die Zeit sich ändert. Wenn sie's nicht tut. Zeit, dass ich was änder'. Das hier is' mein Neujahrskracher. Für Freunde und Leidende, für den Rest der Fucker wird's kein Lacher!
Ja ich weiß, ich bin ein Mann – mit geistigem Verstand. Guten Draht zur Lyrik. Doch auch scharfe Zunge und so kriegt ihr es zurück. Mit gutem Herzen komm' ich in Frieden. Doch viele dieser Fratzen, haben diesen nicht zu bieten! Jetzt gibt's fiese Worte auch aus meiner Ader. Legt euch mit mir an, ich schlage verbal. Weil ich weiß, dass es von denen keiner kann! Ich stehe ein für mich und meine Freunde. Ich schreibe die Scheiße von der Seele, hoffe all die Penner bekomm' schlechte Träume! Sie sind so erbärmlich und durchsichtig. Es sind alles nur so Schwätzer, die können nix – aber das alles so verdammt richtig! In meiner Welt habe ich Liebe und bin zufrieden. You can't runaway forever – deshalb sind mir diese Zeilen gar nicht anders zu schreiben geblieben. Ich liebe meine Freunde und alle die, die Leiden. Ich schreibe immer weiter gegen die Verräter und die Heiden. Nur ich weiß tief im Innern, wie sehr es schmerzt und wie stark ich leide und die Worte Medizin sind, dies der Grund ist warum ich schreibe. Abends schlecht einzuschlafen, weil da der Druck so stark auf die Brust presst. Weil da an manchen Tagen einfach zu viel Frust war und auch Stress ist. Doch weißte, wem will ich das erzählen?

Weil helfen kann mir scheinbar keiner!
Ich muss alleine damit leben, so geht's täglich leider
weiter! Ich schreibe mir die Scheiße von der Seele. In der
Hoffnung, dass es mir etwas bringt, warum ich so'n Tick
hab', warum ich so fühl' – die Frage bin ich satt, da könnt'
ich kotzen, also höre genau hin!

Das hier geht raus an dich da draußen. Genau an dich, in
der großen und weiten Welt. An dich –
Wenn du auch gerade leidest und alleine bist. Dann hoffe
ich dies ist'n kleiner Trost für dich. Ein Trost und eine
Hoffnung auf das Seelenheil. Denn was bleibt außer zu
hoffen und zu beten und selbst immer dran zu bleiben.
Die Hoffnung und der Glaube an bessere Zeiten.
Bitte lieb' dein Leben und nimm dich deiner an. Schätze
deine Freunde, auch wenn es nur wenige sind. Denn nur
Wenige sind auch Wahre und den Rest, den verstreut der
Wind!

Frust Am Arbeitsplatz

Was wenn der Job
Unterfordert oder überfordert
Frustriert – aber die Angst
Die finanzielle Sicherheit anstrebt

Was wenn das Interesse
Und die Motivation so stark sind
Aber im falschen Beruf
Unter die Räder gerät

Was wenn man
Den Arbeitswillen
Sowohl auch die Kraft
In diese Tätigkeit investiert

Aber alles Tun
Zu keinem
Gewünschten Ergebnis
Zielgerecht hinführt?

Was wenn die Komplikationen
Angesprochen und kommuniziert werden
Aber keine Zeit oder keine Muse besteht
Dies zu beseitigen, ist wie Das Gießen
Schon längst verbrannter Erde

Von Freiheit Und Glück

Schon so viel gefühlt. Schon so viel erlebt. Schon so oft
gefragt, worum es im Leben wirklich geht. Alles geht
weiter, doch die Gedanken sind geblieben. Ich lebe und
Morgen ist noch nicht geschrieben. Tage der Kindheit,
eine wertvolle Zeit. Nichts kommt zurück – darum denke
ich so oft zurück. An die Tage der Kindheit, von Freiheit
und Glück.
So viel gehört. So viel probiert. Gelesen und auch
gesehen, am Leben nah dran und interessiert. Wo treibt
es mich hin, wie weit ist der Weg und wie lang? Gedanken
fern ab, verträumt und nicht ganz, so komme ich an. Die
Tage der Kindheit. Sie waren eine wertvolle Zeit. Bin auf
der Suche nach ihr, auf dem Weg meiner Vergangenheit.
Sehnsucht, das Gefühl von ihr, ist mir so vertraut. Fest
umschlossen, legt sie sich über meine Haut. Darum denke
ich so oft zurück. An die Tage der Kindheit, von Freiheit
und Glück.
Schon so oft geprüft. Schon so oft bestanden. Nach jedem
Fall, wie tief er auch war – wieder aufgestanden.
Anspannung bis Anschlag, in der Warteposition. Zeit sie
verstreicht. Sie zieht davon, ich merke es schon. Immer
wieder denke ich zurück. In jedem Moment an das
vergangene Glück. An die Tage der Kindheit, von Freiheit
und Glück. Die Zeit sie vergeht wie, vom Winde verweht.
Nichts bleibt so wie es mal war. Nichts bleibt wie es war.
Darum denke ich oft zurück.

In jedem Moment an vergangenes Glück. Zeit von Kindheit und Freiheit – ich wünsche sie mir so oft zurück, die Tage der Kindheit, von Freiheit und Glück

Menschliche Distanz

Am Ende deines Lebens wirste gefragt, wie haste gelebt? Warste glücklich voller Freude? NEIN!?
Was war dein Beruf, welche Kurse haste belegt? Biste oder warste denn'n Einser Kandidat, was war deine Tätigkeit, wirste dann am Sterbebett gefragt! Wie war die Bilanz, welch menschliche Distanz. Bankrott – seelisch am Arsch! Die Null steht am Ende unserer allerletzten Bilanz. Letztes Hemd, letzte Hoffnung. Letzter Wunsch zu Grabe getragen. Am Ende von allem kommen die Traurigkeit, Kummer und Tränen aus verlorenen Tagen! Hauptsache immer funktioniert. Fleißig und eifrig, übergenau produziert. Sich alles abverlangt. Doch keiner den es am Ende mehr interessiert. Das letzte Hemd hat keine Taschen, an dem Tatbestand wirste auch nix ändern! Doch in den letzten Augenblicken sind unsere Worte, wollte doch glücklich durch das Leben schlendern! Hinterlassen kannste nix von dir. Nur das Ende deines Lebens, das steht geschrieben und beglaubigt mit schwarzer Tinte auf amtlichen Papier. Wir sollen das Leben leben, es schätzen und genießen. Wie soll man das Leben leben, wenn wir es nicht schätzen und genießen und für die Liebe und den Frieden mit Waffen und Panzern auf uns schießen!? Was hilft gegen die Trauer, gegen den Kloß in meinem Hals? Weder das Glas Wodka, noch die Flasche am Hals! Immer wieder sind wir auf der Strecke geblieben.

Müssen aufstehn', um das Böse im Leben zu besiegen.
Der Teufel kanns nicht sagen, doch Gott – vielleicht, ja –
irgendwann! Solang' sind wir am Schweigen und starren
dabei stumme Wände an!

Rastlos, Ratlos, Sprachlos

Ich befind' mich in'ner Lage
In der ich mich nich' wohlfühl'
Un' ich will hier raus –
Fühl' mich unausgeruht
Bei dem was mich belastet, will'n STOPP!
Doch find' nicht den Schalter fürs AUS!

Gedankenspirale, Zirkuskarussell
Mir geht's zu langsam
Aber das Leben vergeht mir zu schnell

Wo komm' ich raus, ich halt's nicht mehr aus
Ewig und anhaltend
Erscheint mir dieser banale Tagesablauf

Die Sinne sin' geweckt
Die Wahrnehmung sinnesscharf
Die Hoffnung an das Gute und an sich selbst
Is' was nich' verloren gehen darf

Deine Kindheit is' die Lehre
Dein Lehrer is' dein Schicksal
Bevor man am Ziel ankommt
Geht's über'n Berg und durch das Tal

Haste, weißte, biste, verstehste
Kannste, willste, musste, tuste
Während du dich jetzt fragst HÄ?! WAAAS!?
Geh ich weiter und du kommst außer Puste
Löwenzahn, Zahnrad
Kindart und Windrad
Philosophie, Harmonie, Melodie
Mein Freund du gehst in die Knie

Rastlos, ratlos
Sprachlos und kraftlos
Junge man!
Dir fehlt's an ENERGIE!!!

Die Letzte Rose Fällt

Ruhiger Schüler
Zu lieb der Knabe
Vermöbelt, verprügelt
Seelentiefer Schmerz der Narbe

Kein Griff jemals zur Flasche
Keine Drogen, keine Mittel
Habe es früh begriffen, mein Glück
Tragischer lief es bei „Hille"

Der Junge der sich
Damals früh das Leben nahm
So oft frage ich mich
Wieso und warum es so weit kam!?

Das ist die letzte Hoffnung
Die letzte Rose fällt
Ja auch ich bin angekommen
Auf dem Schlachtfeld dieser Welt

Es sind Gedanken die ich in mir habe
Weil ich sie im Innern mit mir trage
Manchmal fällt es mir leicht, manchmal schwer
Nur geringe Unterschiede und die Tage werden mehr

Im Herzen habe ich Frieden ganz tief in mir
Um ihn zu verteidigen, so komme ich nicht anders wie zu
diesen Zeilen hier

So oft am Rande nur gelebt
Oft belächelt und bespuckt
Auf seinem Weg zum Tod
Haben die Mörder geierd zugeguckt

Warum habe ich so ein großes Herz
Und wünsche den Menschen trotzdem Gnade!?
Ist es ein göttlicher Teil in mir
Ich werde verrückt bei dieser Frage

Wieder sehe ich die Panzer
Sie rollen auf das Feld
Verdammt das ist kein Spiel
Wenn die Sonne vom Himmel fällt

Das ist die letzte Hoffnung
Die letzte Rose sie fällt
Ja auch ich bin angekommen
Auf dem Schlachtfeld dieser Welt

Neuer Horizont

Mich kotzt so vieles an in dieser Welt
Suche nach Lösungen und Wege
Ich hoffe, dass der Groschen fällt
Bei den Gedanken die ich hege

Ich will weg und ich will raus
Aus dem wo ich mich befind'
Ich gehe ein und halte es nicht mehr aus
Ich will frei sein wie der Wind

Ich bin echt am Arsch
Es raubt mir so die Kraft
Alles strengt mich so sehr an
Fühle mich ausgelaugt und total geschafft!

Was sind Träume und was sind Ziele
Wo befinden sie sich auf einer Linie
Wie nah liegen sie beieinander?

Wie viel Prozent beträgt die Erreichbarkeit
Das Erreichen gemessen in Moment und Zeit
Alles kann – in der Berechnung der Wahrscheinlichkeit

Wie stark ist der Glaube an das Gelingen daran
Wie gefestigt ist das Vertrauen seit Beginn an?
Weit tragen dich die Träume
Denn sie halten ein Leben lang

Worauf legst du mehr Gewicht
Etwas zu erreichen – oder von vornherein schon nicht
Wenn deine Überzeugung überzeugend ist
Gehe deinen Weg – so wie er für dich geschrieben ist

Lass dich nicht beirren
Von falschen Dingen nicht verwirren
Wenn du dich gefunden hast und bei dir bist
So weißt du – dass dir nichts zu nehmen ist

Den Traum davon etwas zu wagen
Dies nicht zu tun und dann noch zu vertagen
Wäre doch so schade um die Chance und Zeit
Nicht wissentliches Glück, das schluckt die Vergangenheit

Fundament

An Tagen wo die Kraft mir fehlt, lasse ich die Tränen laufen bis zum Grund. Danach blühen neue Wünsche, Träume habe ich genug, voller Farbe so bunt. An den Tagen wo die Sonne nicht scheint, an denen fühle ich mich so allein. Doch weiß ich auch, alles wird wieder besser, dunkel wird es nicht ewig sein. Wenn es mir richtig dreckig und beschissen geht, dann halte ich mich fest, wie stark der Wind auch weht. Meine Hoffnung ist dort, wo sie in meinem Kopf entsteht.

Meine Träume sind unbändig groß. Wenn 1000 platzen, entstehen doppelt so viel mehr. Wenn Sorgen mich ertränken wollen, tauche in die Fluten und werde grenzenlos und weit so wie das Meer. 1000-mal gefallen, 1000-mal Tränen geweint. Kein Problem, mein Wille auf den Steinen gefestigt und vereint. Nur auf einem Fundament, kann man feststehen.

In My Mind

Is there still a chance
Or it is our last dance?

How many times
Have you
Made my life
Difficult
How many signs
Were in your lies
Do I still believe
In miracles?

Because you lie
To me all the time
You hurt me very much!
In the face
On this mask
I´m not strong enough
But I keep fighting
I will stay
I rise again, I carry on
It is my way
Nothing seems too long

I feel the pressure deep inside
I'm gonna push it
I'm going to fight
Until my last strike

Changes - Veränderungen

I have always known what I wanted
But I didn't know how to get it
Now I listen to myself
Now I know that is it
If you only listen to other people
You forget your voice
If you no longer have any say
You no longer have a choice
If you leave everything to fate
Then you lose control
Once you are broken
You are never whole again
Who you are is what you became

Ich wusste schon immer was ich wollte
Aber ich wusste nicht, wie ich es bekomme
Nun höre ich auf mich selbst, heute weiß ich
Ja das ist es!
Wenn man nur auf andere Leute hört
Verlernt man zu sprechen
Wenn du nichts mehr bestimmst
Hast du keine Wahl mehr!
Wenn du alles dem Zufall überlässt
Dann verlierst du die Kontrolle
Wenn du einmal gebrochen bist, dann bist du nie mehr
das Ganze!
Wer du bist, ist was aus dir wurde

Staubtrocken

Mein Job treibt mir 'n Stock in den Arsch. Ey ich mach'
nen Schuh, hey man das wars. Ich breche auf bis zum
Arsch der Welt, nix und niemand der mich jetzt aufhält.
Staubtrocken ist die Luft im Raum, ich muss weg, denn
sonst verpufft mein Traum. Bleistift, Kuli – schwarzes
Brett. Die Freiheit ruft, ich mache mich vom Fleck!
Wieder träume ich in der Mittagspause, Zeit für Neues,
ich mach' eine Sause. So vieles da, gibt echt alles schon.
Ich will weg, frei zu sein – das ist der Lohn.
Politik, Kultur und Kunstgeschichte. Poesie und Lyrik,
meine Liebe ist das Dichten. Fantasie und weit der
Horizont, großes Ziel und mein Herz aus Gold. Wenn auch
nun alle Stricke reißen, sich die Haie alle Zähne
ausbeißen. Wenn auch die Hunde mit dem Maule
fleischen, so habe ich noch Pech im Unglück, denn durch
meinen Sturz, werde ich mich auf die Nase schmeißen!
Was kann noch kommen und was kann schlimmer sein?
Als ein Arbeitsplatz staubtrocken und so hart wie Stein!

Tausendmorgen

Neue Zeiten ziehen ins Land
Verschnörkelt und verziert
Alles im so schönen, neuen Glanz
Feinst gereimt und auch kreiert

Meine Träume sie sind längst wahr
Nur die Realität liegt noch im Schlaf
Gedanklich ist es alles schon –
Ja lange schon greifbar nah

Meine Welt
Sie legt in der Wahrheit an
Der Schönheitsschlaf
Er träumt wie er kann

Wie ein Tausendmorgen
In einem Königreich
Einfach und doch stilgerecht
Alles doch zugleich

Das ist mein Platz
Nicht nur so am Rande der Welt
Sondern mittendrin
So hab' ich ihn gewünscht und auch bestellt

There Is No Way Out

Please tell me nothing
If you dont't know
What it's like
When you can't feel it. No!

The feeling
Of being
Trapped and wating to escape
Your wish is
That it stops
Like a videotape

But you know
There is no –
Way out
You can't runaway
From yourself
Even when your screams are loud

Please shut up
Shut your mouth
I don't given up
I fly to the stars above

There's no one to stop me.
I know you won't understand!
But I'll be free - looking back,
my eyes leave you and your hand

Tanz Des Lebens

Was ist mehr von Wert
Das Geld oder die Zeit
Mit Geld kann man Dinge kaufen
Doch unsere Zeit, sie hat Endlichkeit

Wahrst du den klaren Blick
Im Rausch der Geschwindigkeit
Unser Leben wird getragen von
Trauer, Liebe, Glück, Zufriedenheit

Was wird verschluckt im Lauf der Zeit
Was trägt wahrhaft bei der Beständigkeit
Weißt du wo du stehst?
In diesem Rennen der Schnelllebigkeit

Nichts bleibt für immer
Weil alles doch vergeht
Nichts bleibt wirklich stehen
Weil doch alles sich bewegt

Heute, morgen, jetzt und gleich
Tanz des Lebens bleibe leicht
Ich bleibe dir treu an der Seit'
Schenke mir Freude, Friede, Leichtigkeit

Ja, Geburtstage...

Geburtstage.
Ja sie zeigen uns immer wieder, dass wir ein Jahr älter werden. Dass die Zeit vergeht. Doch zeigen sie uns auch, was alles schon hinter uns liegt. Die Zeit vergeht, so ist der Lauf der Dinge. Doch das Älter werden ist nicht schlimm. Es gehört dazu, so blicken wir auf alles – noch einmal genauer hin.

Heute zu deinem Ehrentag, möchte ich – dass ich dir ganz besonders einmal Danke sag. So viele Jahre liegen nun zurück und ich bin dir dankbar für all die Zeit. Für die schöne Erinnerung, für dein Dasein seit meiner Kinderzeit. Kein Moment ist je vergessen, noch so viele mehr kommen hinzu. Mein Werdegang von Klein bis Groß, war auch ein Teil davon dabei, immer du!

Die Momente vom Spielen mit den Würfeln oder auf dem Spielbrett. Die Tage zur Konfirmationszeit. Das Auswendiglernen, diese Zeit liegt zurück, kaum zu glauben, schon so weit. Aus Enkel und Enkelin, wurde Ur-Enkel und Ur-Enkelin. Siehst du, das Älter werden ist nicht schlimm. Denn vieles bleibt doch wie es ist. Nicht die Zeit bestimmt unser Leben, sondern wir die Zeit mit unserm Leben. Darum bleib so wie du bist.

Herzlichen Glückwunsch, alles Gute und Liebe wünsche ich dir. Dass du noch lange bei uns bleibst, denn gebraucht wirst du immer hier.

Alles Gute zum Geburtstag. Für Oma Anita
Ja, Geburtstage…

Steine Auf Dem Weg

Wenn dir kein Weg zu weit scheint
Dann gehe los, es lohnt ihn zu gehen
Wenn du wie ein Sturm übers Land ziehst
Wird dein Ziel niemals verloren gehen

Wenn dein Wille stärker ist –
Als der Fels in einer Brandung liegt
Wenn Niederlagen nicht erschüttern
So ziehst du auf zu deinem Sieg

Kein Weg wird immer eben bleiben
Denn Steine liegen immer auf dem Weg
Doch wenn du wirklich willst –
Gehst du weiter, dann bleibst du nicht stehen

Schwinge die Hüfte, Fahne zum Himmel
Nimm dir den Stock aus dem Hintern und renn'
Glaube an dich und an was du wirklich willst
Dein Herz geht auf, zeig wofür du brennst

Alles kann und nicht muss!
Nach dem Anfang kommt der Schluss
Alles kann werden, wenn du es versuchst
Es kommt nur darauf an, dass du es tust

Kreuz Im Sturm

Nichts und niemand –
Soll über dich richten
Das Leben
Darf dich nicht verlieren

Gibst dich auf
Um anderen zu gefallen
Hart die Wahrheit
Fange an es zu kapieren!

Weißt du selbst
Um deines Lebens Wert?
Trägst du das Kreuz im Sturm
Neben dem Schutzschild – das Schwert!?

Du selbst, nur du allein
Bestimmst deinen eigenen Wert
Wenn du keinen hast
Dann läuft bei dir etwas verkehrt!

Die Sonne steh am Himmel
Für mich, für dich, für uns dort oben auf
Erwache endlich deines Schlafes
Mach dich los und breche auf!

Dein Bild Das Ich Sehe

Wenn der Tag nicht meiner ist
Und er mir den Rest noch gibt
Ist bei aller Niederlage deine Liebe
Die du mir gibst – mein Sieg

Wenn ich auf der Strecke –
Mehrmals auch zu Boden geh'
Ist es dein Bild, das ich seh' - auch der Grund
Warum ich immer wieder aufsteh'

Keine Niederlage hält ewig an
Und wenn man fällt, fängt man von vorne an
Nur Gewinner stehen auf, wo Verlier ewig liegen
Die Kraft deiner Liebe, lässt mich immer wieder siegen!

So danke ich dir
Dass du an meiner Seite bist und stehst
Auch wenn die letzten Blätter fallen
Und mit mir am Rande des Abgrunds stehst

Danke für deine Liebe, dein Vertrauen
Für alles was du gibst und hast
Bist du die Rettung und auch mein Anker
Wenn ich das letzte Boot verpass!

Nichts

Wenn nichts zählt
So zählt ja alles nicht
Wenn also nichts zählt –
So ist vieles schnell gezählt
Weil wenig zu zählen ist

Denn nichts ist nicht viel
Und noch weniger als nichts –
Ist gar nichts!
Nichts und nochmal nichts
Ergibt doppelt so wenig

Hans Kann's

Hans ging zum Tanz
Beim Tanz trat er auf den Schwanz
Auf den Schwanz einer Katze
Hans erschrak –
Oh weh!

Ich trat auf den Schwanz der Katze
Den Schwanz, den traf ich voll und ganz
Was sucht sie überhaupt hier diese dumme Gans
Er meinte natürlich keine Gans
Sondern die Katze mit dem jetzt – platten Schwanz

Hans dachte sich
Was ein blöder Tanz
Ich trat auf den Schwanz der Katze
Aber so richtig, voll und ganz
Ja – er scheint nicht Hans im Glück zu sein
Aber Hans kann's –
Was er trifft ob Gans oder Schwanz
Er trifft voll und ganz

Staubsauger

Der Staubsauger saugt Staub
Der Laubsauger saugt Laub
Doch saugt der Staubsauger Laub auf
So hat der Laubsauger bald Staub drauf
Ob Staub oder Laub
Es liegt auf dem Laufweg drauf

Notbrot

Ein Kapitän ist in Not
War doch alles im Lot
Bis sein Schiff zu sinken droht
Viele Fässer Wein an Nord und Brot

Da der Untergang droht
Weil die Lage nicht mehr im Lot
So isst der Kapitän das Brot in der Not
Notbrot, Toastbrot
Nahrungsaufnahme –
Sie ist das oberste Gebot

Flaggschiff

Am Flaggschiff
Dort stand ein Klapptisch
Stand er dort taktisch oder praktisch!?
Ob praktisch oder taktisch
Dieser Klapptisch von dem Flaggschiff
War weder Papptisch oder Nachttisch
Denn der Nachttisch oder auch der Papptisch
Klappt nicht

Beim Klapptisch – da klappt der Tisch
Auch beim Esstisch oder Estrich
Da klappt es nicht

Wochenendpost (Text für meine Teilnehmer – Berufsbezogen...)

Wieder auf eigenen Schritten laufen
Wieder lernen auf sich selbst zu bauen
Sich selbst vertrauen
Mit Würde im Blick auf den geleisteten Weg
zurückschauen – was alles schon erreicht ist
Nur man selbst weiß und das weiß ich auch –
Dass der Weg nicht immer leicht ist

Darum sei stolz auf das was du geschafft hast
Im Ganzen betrachtet, weißt auch du –
Dass du ein Teil davon bist

Jetzt blicke weiter nach vorn
Dein Weg und dein Ziel
Dein Wille gibt dir Kraft und den Ansporn
Auch Sieger stecken ein und kennen Niederlagen
Lass die Sonne wieder in dein Herz hinein
So kommt die Helligkeit in diesen Tagen –
Wie fast schon von allein

Glaube an deine Stärke –
Deinen Weg und an dich selbst
Du hast Werte und Gefühle, für alles was du liebst
Dies ist der Grund wieder aufzustehen, wenn du fällst

Wahrhaft Arbeit

Schikane und Ärgernis
So fröhlich gelaunt sind die Sorgen
Sie verbreiten die Freude
In der Frühe schon am Morgen

Ich stehe auf Power
Action piff, paff
Die Arbeit ist scheiße
Da geht's immer tu dies, tu das!

Da fehlt der Flow
Da steigt die Party der Unzufriedenheit
Bist eingeladen
Eintritt gratis – schlechte Laune ist nicht weit

Willkommen im scheiß Verein
Hier soll doch ein Jeder willkommen sein
Betriebsprogramm „Nix Am Gehen"
Hier ist gefrustet sein „das System"

Fluktuation, high Level – grünes Licht
Gute Absichten, sie bringen dir hier nichts
Dieser Laden trägt einen Trauerschauer
Lauf solange du kannst, über Zaun und Mauer

Politik F....T Industrie

Ich kann es gar nicht sagen. Eigentlich bin ich es nur am Ertragen. Diese Heuchler, sie lügen dir in deine Fresse, mit ihren korrekten Falschaussagen! Leere Versprechen gepackt in Worte. Nett verkauft und alles so schick. Leute wir sind nicht dumm, um zu wissen – die Politik hat uns gefickt!
Politiker sind wie Tauben – bescheißen alles und jeden. Sie sind der Position, wo man sie nicht erwischen kann! Und die Politik an sich, sie ist grausamer als eine Lüge – denn bei einer Lüge ist man verletzt und enttäuscht! Aber die Politik lässt uns kalt, weil wir doch im Vornherein schon wissen, dass wir alle verarscht werden.
Es ist als hätte ich den Nagel auf den Kopf getroffen, längst verstanden – dabei war der Satz noch nicht mal fertig ausgesprochen!
Die Industrie – auch geschmiert von dem Regime. Beispiel der „heilige Valentinstag" – kommerzerfüllter Tag! Wieder mal ein Kassenschlager-Tag! Heute mal Blümchen und Herzen hier und da, danach geht's weiter mit Arbeit, Steuern, dem ganzen Bla-bla-bla. Weihnachten, Ostern, so setzt sich alles fort. Dieser ganze Mist, so Jahr für Jahr!

Tagebuch – Diary

Momentan steht mir der Frust bis zum Hals
Fühle mich abgehetzt, stehe unter Stress
Meine Zeit läuft stetig ab am Tag, doch für mich selbst -
bleibt davon wenig, das fuckt mich ab

Mein Kopf ist so voll mit Scheiße und Ärger
Mit Terminen u. Reklamationen, psychischer Abfall
Scheiße im Kopf und mein Leben dreht sich wie ein
Karussell, wenn es nicht bald bremst, knalle ich an die
Wand!

Ich kann nichts dafür, dass ich so fühle
Kann nichts dafür, dass ich die Welt so sehe
Ich sehe die Dinge hier schon richtig
Nur ich allein bin in der Hölle, durch die ich gehe!

Ich kann nichts dafür, was ich fühle
Ich wünsche mir einfach nur, dass du mich verstehst
Mir ist auch scheißegal, was andere von mir denken
Weil es mir und die, hier gar nicht geht!

Innerliches Leiden, deshalb bin ich leider so kurz
angebunden!
Ich kriege keine Pause, ich fahre gegen Anschlag
Ohne Ende meine Runden

Mein Kopf ist mir zu schwer, fühle mich nur müde und so
leer
Ich bin echt am Limit!
Hilfeschrei – ich kann nicht mehr!

Right now! I'm up to my neck in frustration!
I feel rushed and stressed!
My time is running out during the day
But for myself, there's no much of that left – it fucks me
up!

My head is so full of shit and anger
Deadlines and complaints – mental garbage
Shit in my head and my life is spinning like a top!
If it doesn't slow down soon, I'll hit the wall! Please stop!

It's not my fault, that I feel this way
It's not my fault, I see the world this way
I'm seeing the things right here
I'm alone in the hell, I'm going through

I can't help how I feel
I just wish you would understand me
I don't give a shit of anybody thinks of me!
Because I really don't care about these!

Internal suffering
That's why I'm so short-changed
I can't get a break, I'm going against the clock
My laps without end

My head is too heavy
I feel tired and empty
I'm really at my limit!
Cry for help – I can't go on!

Written With My Blood

Es scheint mir so, als würdest du nicht wissen –
was du hast
Als würdest du nicht schätzen können, was ich dir sage.
Weil es dich nicht erreicht!

Warum nennst du mir nicht einfach
die Zeichen, die ich ignoriert habe?
Bitte sage es mir einfach,
was ich falsch gemacht habe!?

Mein Leben muss ich alleine leben
Auch mit aller Konsequenz
Vielleicht verstehst du mich eines Tages
Und den ganzen Sinn

Ich habe nur diese Bitte
Bitte verzeihe mir meine Fehler
Bitte urteile nicht so hart
Am Ende könnten wir uns die Hände reichen

Doch nun muss ich mein Leben leben
Mit all dem Verlust und Schmerz
In all der Dunkelheit
Im Regen über mir die dunklen Wolken

Ich muss durch die Stürme gehen
Durch den Donner und die Flut
All die Wahrheit fließt durch die Zeit
Es wird geschrieben mit meinem Blut

It seems to me like you –
don't know what you' ve got
Like you can't guess what I'm telling you
Because it doesn't reach you!

Why don't you just tell me
The signs that I've ignored?
Please just tell me
What I've done wrong!?

I must live my life alone
Also with all consequence
Maybe one day you'll understand me
And the whole sense

I have only this request
Please forgive me my mistakes
Please don't judge me so hard
In the end we could shake hands

But now I must live my life
With all the loss and pain
In all the darkness
Above me dark clouds in the rain

I must go through the storms
Through the thunder and the flood
All the truth flows through time
It's written with my blood

Ungemein Und Ohnehin

Weil ich dir schon lange
Nicht mehr geschrieben habe
Ist es an der Zeit
Dir mal folgendes zu sagen

Du bereicherst mein Leben
Ungemein und ohnehin
Das Leben ohne dich wäre
Ungleich und ohne Sinn

Ich ging durch Tiefen
Durch Dunkelheit und Täler
Der Blick zum Licht und
Der Glaube ans Gute wurde schmäler

Wenn man erstmal unten angekommen ist

Wie oft saß ich so da
Und habe, so manche Tränen geweint
Und mir immer wieder selbst gesagt
Schmerz vergeht und es kommt meine Zeit

Ich schätze jeden Tag mit dir
Auch wenn's mir manchmal schlecht geht und ich es nicht
zeig'
Doch ich weiß doch genau, mit dir
Dies ist meine so lang ersehnte und erwünschte Zeit

Und ich danke Gott
Ich danke dem Leben
Ich danke allem, vor allem dem Schicksal
Dass wir uns begegnet sind

Starkes Feuer

Ich glaube
Heute zu begreifen
Warum ich
So viele Texte schreibe

An Buchstaben
Und an Reimen zu kreieren
Ist mich an sie zu klammern
Um sie nicht mehr zu verlieren

Was ist es
Für ein Bezug
Die Liebe zur Sprache
Zu des Wortes Spiel
Das Schreiben
Der Gedanken
Es gibt mir so viel
Welch ein großartiges Gefühl

Wort und Lyrik
Liebe zur Schrift
Das Dichten und das Reimen
Sein lassen kann ich es nicht

Was ist geschehen
Was kam über mich
Es ist ein starkes Feuer
Die Flammen umschlossen mich

Aus Und Vorbei

Egal über was ich im Leben auch schreibe
Alles erlebte und gefühlt am eigenen Leibe
Viel Glück und auch viel Pech, von allem etwas dabei
Viel ist Geschichte – manches einfach aus und vorbei

Zeit für Neues gibt's jeden Tag neu
Zeit Tränen zu trocknen, breche auf – los geht's ahoi!
Vergangenheit ist geschrieben, sie zählt heute nicht mehr
Folge der Freiheit ohne zu Fragen – da draußen wartet so viel mehr

Habe den Mut und breche auf
Nimm alles mit und lasse nichts aus
Die Sonne steht auf deiner Seite
Erst nachts kommen die Sterne raus

An deinem Himmelszelt wachsen neue Träume
Genieße die Wellen ohne zu bereuen
Blicke nach vorn, deine Zukunft naht
Sie will dich glücklich sehen an jedem neuen Tag

Lass es zu und vertraue deinem Glück
Alles ein Teil von dir, jeder kleine Augenblick
Denk nicht zu lange und über alles nach
Alles was du wünschst, es wird wirklich wahr

Sind da auch Zweifel, kommt das Bedenken
Nur wer aufhört zu träumen, dessen Träume enden
Solange du deine besitzt, treiben sie dich an
Alles kommt zu seinem Ziel, glaube ganz fest daran

Gereift

Ich habe lange gebraucht
Doch nun bin ich da – mein zu Haus
Ein langer – langer Sturm
Hatte sich zusammengebraut
Die Einflüsse dieser Welt
Der Ballast mancher Menschen
Brachte mir so jenes – aus dem Grund
War mein Bild lange Zeit entstellt
Ich bin tief im Herzen
Ein fröhlicher Mensch – doch redete mir ein
Depressiv zu sein – Pessimismus
War mein Felsen – harter Stein
Doch ich begreife heute
Schlecht gelaunt war ich wegen falscher Leute
Meine Tiefgründigkeit brachte keine Depression
Habe ein großes Herz – man belog mich und nutzte es aus
Und dies viel zu lang schon
Ich habe es den Menschen wahrscheinlich
Manches Mal auch zu leicht gemacht
Die Schuld gebe ich mir selbst – doch der Junge von damals
Der er heute ist – ist gereift und aufgewacht
Traurigkeit lange Zeit gefühlt
Wie eine Ewigkeit
Wie erwähnt – wegen falschen Menschen
Doch diese Zeit – sie ist vorbei
Frei – frei

War ich doch zu jeder Zeit
Diese Erkenntnis sah ich nur nie –
Zu blind und zu benommen –
Ich sage es ja – ich bin gereift

Meine Ehrlichkeit Zu Dir

Du sagst mir, du liebst mich
Du magst mich, ich tue dir gut
Du sagst, du willst bei mir bleiben
Um zu lieben braucht man echt Mut
Warum habe ich diese Angst
Dass du wieder gehen kannst
Warum denke ich, du willst mich nicht
Bin ich wirklich der, den du willst

Warum macht es mich so traurig
Warum denke ich diese Gedanken
Vielleicht ist so mein Leben – mein Weg
Weil ich nichts anderes bisher kannte

Warum habe ich das Gefühl
Dass mein Glück nicht ewig hält
Warum trage ich die Trauer
Und diesen Schleier, über meiner Welt
Ich bin mehr als nur glücklich mit dir
Ich gehe bis an meine Grenzen mit dir
Alles was ich an Besitz habe, er ist mir egal –
Solange ich dich nicht mehr verlier

Ich bin zu kaputt, für ein normales Leben
Ich bin sehr verletzt aus all den Jahren
Ich will dir nichts Schlechtes
Will nur, dass du glücklich bist und bleibst, das ist in mir
das Wahre

Ich würde dir gerne die Sterne schenken
Den Himmel dir auf Erden bauen
Ich würde dir gerne alles geben, was ich auch habe
Was ich nur kann, dir so vieles anvertrauen

Warum fällt mir das Leben, welches ich liebe
So schwer zu leben und zu sein
Mach ich dich wirklich glücklich
Warum frag ich mich das so oft, fühle mich einsam und
allein
In der Leere, dieser Fragen und Gedanken
Finde ich oftmals keinen Weg heraus
Ertrage ich es nicht, in vollen Zügen zu leben
Schwer zu sagen, ich lebe alles was ich habe aus

Ich würde gerne, dein Ein und Alles sein, warum will ich
dies so sehr, ich kann es nicht verstehen
Ich will doch immer Lösung und Antwort haben, doch
kann sie nicht mehr hören oder sehen
Liebe ich zu stark, zu intensiv, mit allem was ich habe,
dich und mich, selbst dafür noch mit
Gehe ich zu nah, zu weit, bin ich dein Schatten, dein Halt
– für deinen nächsten Schritt
Ich schreibe mir von der Seele, was ich fühle
Was ich denke und für dich empfinde
Ich folge dir durchs Feuer, durch Regen, Sturm –
Für unsere Liebe, gegen alle Winde

Ich könnte noch weiterschreiben, ich zeige dir

Was ich fühle, lebe, dass ich dich liebe, mich freue und
leide
Alles für uns geben, jederzeit, für die Liebe zu dir
Sie verbindet uns, mich und dich, uns beide
Ich will und werde niemals gehen
Denn ich möchte doch so gern, an deiner Seite stehen
Verzeihe mir, wenn manche Zeilen hier
So traurig sind und auch so klingen
Doch all das, ist die Wahrheit die aus mir spricht
Soweit schafft's ein Lügner, der dir Schlechtes will
Soweit zu der Wahrheit, schafft er's im Leben nicht

Ich zeige dir von mir
Ohne Angst mich zu verlieren, denn ich liebe dich
Und wenn die Welt auch gegen mich ist
Ich kämpfe und stehe auf, jeden Tag
Weil ich weiß, dass du doch an meiner Seite bist

Sollten sich unsere Wege einmal trennen
Dann weiß ich im Innern ganz genau
Mein Herz, das würde vor Sehnsucht brennen
Jeder große Eisberg, würde einfach so wegtauen

Die Liebe, die ich mit dir lebe
Hat meine Sinne schmelzen lassen
So etwas wie mit dir zu haben
Kann man im Leben, nicht mehr als einmal fassen

Jeder Blick in deine Augen
Und dann zurück auf diese Welt
Ist wie Träume auszuleben, hohe Flüge
Ganz egal wie tief man fällt

Jede Berührung deiner Haut, jeden Puls
Den ich mit dir in der Sekunde beb'
Bringt mich aus jedem Gleichgewicht
Wenn die Liebe zwischen uns mal erlischt und
auseinandergeht
Was ich an dir habe, werde ich nie wieder mehr finden
Ich habe nicht mehr geglaubt, so haben wir uns doch
gefunden
Wir sind wie füreinander gemacht, das spüre ich
So wie wir uns anziehen, hat sich im Leben, bisher noch
nichts verbunden

Ganz egal was auch kaputt geht
Was mich im Leben auch verlässt
Wenn du von mir gehen würdest, bliebe von Allem
Nicht mal mehr der Rest
Wenn ich dich verlieren würde
Wäre ich für mich, doch einsam und allein
Wenn alles mit dir den Sinn ergab
So gibt's ohne dich, nun mehr keinen

Wenn alles mit dir was ist
Ist ohne dich nichts mehr etwas
Wenn ich alleine renne sag mir
Wofür denn überhaupt noch oder für irgendwas

Ich wüsste nichts mehr zu fühlen
Weil ich nicht mehr wüsste, wie es geht
Liebe die wahrhaftig ist, die man lebt und bekommt
Kann man nicht ersetzen, weil die Sehnsucht nach ihr
Sich niemals mehr im Leben legt

Ich könnte nicht mehr lieben, weil deine Liebe, niemand
anders trägt
Herzen die sich nicht hören, weil jedes, einen anderen
Rhythmus schlägt
Ich könnte nicht mehr berühren, ohne an dich zu denken,
denn das
Was ich mit dir hatte, durfte mit dem letzten Atemzug,
erst enden

Spuren Des Lebens

Wisst ihr wirklich wer ich bin
Jeder Mensch hat einen Lebenssinn
Meiner ist – dass ich diese Texte schreib
Um mir selbst und anderen zu helfen zu jeder Zeit

Ich will keinen Applaus und kein Denkmal
Ich mach dies nicht für Kohle und Kies denkt dran
Ich will Menschen erreichen und versuchen zu helfen
Gebt niemals auf – glaubt an euch und kämpft an

Wir alle haben unsere Spuren
Im Sand der Zeit gezeichnet
Wir fließen im Fluss der Zeit
Unserer Schritte Wege sind oftmals keine leichten

Wir mussten lernen zu schätzen
Und auch lernen zu verlieren
Erfahren wie kostbar das Leben ist
Denn es ist alles nur geliehen

Jeder Regenbogen und jede Wolke
Jeder Sonnenschein
An jedem neuen Tag treten wir mit einem
Hoffnungsschimmernden Lächeln ins Leben hinein

Ich bin meinen Weg bis hierher viel zu oft alleine
gegangen

Doch heute weiß ich genau – hätte ihn ganz allein nicht
überstanden
Mein Leben war manches Mal härter als ein Marathonlauf
Da wo ich kämpfte – da gaben andere auf

Auf alle meine Narben und auf die gefühlten Schmerzen
Auf jede meiner Niederlage
Auf all das Geschehene und Vergangene und auf das was
blieb
Auf die Tränen die ich gab auf den Anfang und den
Abschied

Ich habe immer gewartet und gehofft
Dass das Leben an mein Fenster klopft
Ich brauche nicht viel zum Glücklich sein
Ich schreibe euch meine Texte – es bereichert mich
ungemein

Meine Ehrlichkeit Und Wahrheit

Produktion, Industrie
Unentdecktes Talent, fast Genie
Burnout – Breakdown – Depression
Psychosomatik stationär – Endstation

REHA gemacht
Gang zur Bühne
Neubeginn
Leute wer hätte es gedacht

Christian auf seinem Weg
Jap, der Junge hat sein Ding gemacht!

4 Jahre später
Bildungsträger, Schreibtisch-Job
Nebenbei Buch verfasst
Sich selbst getoppt

Kein Talent mehr verschwendet
Dran geglaubt, dass alles sich zum Guten wendet
Und wer hat mir geholfen? Keiner –
Naja nicht viele
Weder Berufsberater, Coach, Arbeitsamt
Ich hatte Ziele und meine Familie!

Und Freunde die da waren
Die auch an mich glauben
Heute noch, nach all den Jahren
Straße meines Lebens, ich bleibe auf dir
Werde dich nach wie vor befahren

Mein ganzer Lebenslauf
Ja verdammt, er weist da Lücken auf
Ja und drauf geschissen!
Nimm's in Kauf, bin stolz darauf!

Bin ich etwa karrieregeil
Nur weil ich an meiner Karriere feil?
Bin kein Hund der hüpft
Beim Pfiff von eins – zwei – drei

Ich bin flexibel
Einfach echt und sensibel
Ich reime und schreibe und ja
Ich setze alles auf Siege

Songwriter, liebe sinnvolle Gespräche
Bin ein Musikliebhaber
Lehne ab und gehe einfach
Bei sinnlosem Gelaber

Heute kommen die Penner an
Wollen sich nun mit mir messen
Lauft erstmal ein paar Meter auf meiner Strecke
Sonst könnt ihr es gleich vergessen

Atmet meinen Dreck
Schluckt meinen Staub
Vor dem Kotzen, kommt das Fressen

Wille und Kraft gebündelt
Habe nun die Willenskraft allen verkündet
Ehrlichkeit & Wahrheit mit Respekt verbündet
Alles in mir freigesetzt, meinen Antrieb gezündet

Blut und Schweiß
Harte Arbeit, verdient der Preis
Wut und Scheiß
Ehrenhaft und Stolz
Alles zusammen in meine Energiequelle gemündet
Alles was ich schaffte, ist mein lebender Beweis

Meine Haut – Meine Ehrlichkeit

Meine Wahrheit in unzähligen Texten
Festgehalten und dokumentiert
Herz und Seele Kopf und Verstand
Bis ins Letzte obduziert

Ohne Angst mit Heldenmut
Über mich geschrieben und gedichtet
Mit der Wahrheitswaffe
Auf mich selbst gerichtet

Meine Geschichte
Wahre Ehrlichkeit
Zeilen und Strophen
Die ein Lügner niemals von sich schreibt

Dunkle Flecken
In den letzten Ecken
Keine Lüge wird meine Wahrheit
Jemals bedecken

Herz und Hand
An so manchem doch verbrannt
Doch all meine Narben
Sind heute meine Lebensfarben

Ich bin nun angekommen
Setze dem Schreiben über mich ein Ende
Zeit um mein Leben zu leben
Schließe mein Buch und falte die Hände

Viel ist durchgekaut und ausgespuckt
Wieder in den Mund gestopft und ausgekotzt
Jetzt geht's auf neue Wege
Mit jedem Schritt merke ich, dass ich mich bewege

Ich lasse nun alles zurück
Alles was mich runter zog
Alles was mal war
Ich lasse es los

Jeder Meiner Texte

Ihr hört meine Texte
Jeder von mir, der geschrieben ist
Doch die Momente seht ihr nicht
In denen ich einsam auf den Knien sitz

Viel steckte ich ein, nahm einiges hin
Meine Seele brannte aus
Doch nicht nur der Weg zu meinem Traum
Schon der Schulweg machte mir viel aus

Habe gebrannt, bin gerannt
Wohin ich lief, wohin hat es mich gebracht
Was gab ich auf, was habe ich verloren
Was der Traum aus mir gemacht

Höllenflut, bitterböse geweint
Jedes Gefühl auf Papier gereimt
Was habe ich verloren, was gar nicht besessen
All mein Gefühl – von Traurigkeit zerfressen

Wer war da? Außer mir, keiner nah
Wer ließ es nicht stoppen, sondern nur geschehen
Bleibt mir nur nach allem was war
Immer wieder nach vorne zu sehen

Geschichten

Gib mir eine Bühne
Ich erzähle dir Geschichten
Gute und auch böse
Über alles bin ich am Dichten

Gib mir ein Mikro
Ich singe dir Lieder von feinster Hand
Ich versuche dich zu erreichen
Mit Herzgefühl und dem Verstand

Meine innerlichen Werte
Des Schöpfers neue Werke
Der Verstand tiefgründig ernst – Gedankenmalerei
Mal furchtbar wild und endlos frei

Das Leben das jetzt beginnt
Sind Geschichten die noch nicht geschrieben sind
Es ist noch lange nicht vorbei
Das Leben es ruft mich – ich folge denn es ist an der Zeit

Neue Tage – Monate und Jahre
Zeit Dinge zu erleben um im Innern aufzubewahren
Momente die ich lebe und dann zu Zeilen bringe
Geiles Leben dies ist mein Stand der Dinge

Ich will was tun und will es erleben
Um über diese Tage zu berichten
Es werden kleine und feine aber auch
Große und grobe Geschichten

Das Kleine und das Feine
Macht ja oft den Unterschied
Will mir nichts mehr versprechen
Doch werde gehen wohin es mich zieht

Des Himmels Regen

So viele Zeilen sind verfasst
Viele Worte sind geschrieben
Von all den Dingen meines Weges
Ist vielleicht nicht viel geblieben

Meine Texte fließen durchs Leben
Sie sind Teile meiner Zeit
Ob Trauer Freude – Kummer oder Leid
Momente voller Hoffnung und Tage voller Kraft

Der Kampf mit mir selbst
Meine Niederlagen sind besiegelt doch auch Siege habe
ich erbracht
Schmerzen gefühlt
Wunden wurden zu Narben jede einzelne – ist der
lebende Beweis
Meiner überstandenen Tage

Die Narben verblassen
Dunkle Tage sie zogen vorbei
Der Kampf meines Lebens geht erst am Ende meines
Lebens
Mit den letzten Atemzügen vorbei

Ich lerne das Leben
Ich lehre seine Scherben
Auf eine gute Zeit
Denn sie möge besser werden

Glaube Liebe und Hoffnung und Trost
Alles ist vorhanden, ich lasse vergangenes los
Mit neuem Blick der Sonne entgegen
Ich schätze jede meiner Träne –
Denn sie fielen auf die Erde wie des Himmels Regen

Ehrlicher Als Es Die Wahrheit Erträgt

Dass ich spüre wie es ist und ich fühle was ich fühl
Ist weder gewollt noch kontrolliert, denn ich kann nix für
mein Gefühl
Es sind nun mal meine Gedanken, die da für mich denken
Wünsche, Träume, Emotionen die auch niemals enden
Das Bewusstsein, ja dem Ganzen sich bewusst sein
Manchmal geht nix mehr raus und nix mehr rein
Wo genau befinde ich mich – genau in diesem Moment
Fly with your wings or reach the end

Gedankengänge die ich habe
Leben und Tod hängt dich zusammen
Manchmal stehe ich wie im Feuer
Mittendrin in diesen Flammen
An manchen Tagen fühle ich mich wie tot
Erste Hilfe zu spät – es ist Alarmstufe Rot
Es ist als spüre ich und fühle ich, etwas stimmt nicht mit
mir
Kribbeln im Kopf, lähmende Muskeln – doch keinem sag
ich es auch nicht dir oder ihr

Kopfschmerzen sie stechen und pochen
Am Herzen und unter der Haut
Taubheitsgefühle, Krankheitsbilder
Diese Diagnosen sind mir vertraut

An manchen Tagen fühle ich mich wie tot
Jede Hilfe zu spät – es ist Alarmstufe Rot

An manchen Tagen hast du das Gefühl
Der Zug deines Lebens er rauscht an dir vorbei
Du schaust ihm hinterher, er entgleist – geht so schnell
Schon zu spät – es ist, es ist alles schon vorbei

Du kommst kaum dazu zu atmen
Nur mal Luft holen eine kurze Pause
Weißt ganz genau, ja das fehlt dir –
Ja genau das brauchste
Keine Chance zum Kontrollieren
Keine Zeit zum Korrigieren
Nur aus dem Affekt agieren nach nirgends navigieren
Laufen oder stehen bleiben – warten auf das Krepieren

Kein Ende in Sicht, es ist überall nur noch Land unter
Alles scheint zu gehen, wenn auch drüber und drunter
Bleibe nur noch bei mir, bewege mich nicht mehr vom
Fleck
Halte gegen jede Strömung – denn sonst reißt sie mich
weg

Und manchmal so scheint es mir
Als detoniere die Erdung tief in mir
Bombe tickt, Stromausfall –
Erstkontakt, dann der Knall
Dann bricht er aus, der Vulkan
Legen sich die Wolken, frag ich mich
Wie es dazu kam

Gedankenblätter die sich stauen
Dann kommt der Druck und ich muss den Stapel zerhauen
Alles zerschlagen, denn ich kanns nicht ertragen –
So begrabe ich meine Gefühle
Wieder habe ich einen Teil von mir, den ich zu Grabe
trage
Wutanfall, Frustausbruch – letzte Instanz, muss jetzt weg
und Schluss!

Und so schreibe ich wieder mal
Ehrlicher als es die Wahrheit erträgt
Ja viel ehrlicher als es die Wahrheit je erträgt
Und ich kann nicht mehr aufhören zu schreiben
Denn ich spüre die Schmerzen und all mein inneres
Leiden

Den Druck den ich mir nehme
Den schippen sie mir wieder auf
Karussell, Karussell –
Immer wieder von vorne, immer neuer Lauf
Ich will, dass es bremst
Tut es das nicht, breche ich aus
Denn so anders, ganz im Ernst
Halte ich es nicht aus

Alles ist so echt und alles ist so wahr,
Verdammt was ist mit mir, komme nicht mehr klar
Wie wird es weitergehen
Kann ich denn bleiben, oder muss ich gehen

Dunkel, hell und hell, dunkel –
Der Tag beginnt wie immer
In den frühen grauen Morgenstunden
Tag ein und Tag aus, diese Fratzenfressen um mich herum
Will sie nicht sehen, ich schalt das Licht komplett aus
Die Dunkelheit, sie erlischt die Bleichgesichter
Wahrnehmung ja, sie ist echt gleich schon besser

Ich will nix mehr fragen
Die sollen auch nix mehr sagen
Will gar nix mehr erfahren
Zeit um fort zu fahren

Will meinen inneren Frieden haben
Ihn in meinem Leben, an meiner Seite haben
Es ist mir alles zu viel, das Herz brennt
Wirrwarr signalisiert mir mein Gefühl
Obwohl ich es doch lieb
Das ganze Leben und was es mir so gibt
Manchmal überkommt es mich
Und es überschüttet mich

Dann brauche ich die Zeit für mich allein
Kann nix dafür, dass es so ist
Wünschte mir auch schon so oft
Dass es mal endlich anders sei
Nein es ist nicht immer einfach und leicht
Es gibt da leider diese Tage, an denen es mir alles reicht
Doch dann auch wieder der Moment
An dem der Stein vom Herzen weicht

Verlorene Worte

Ich gehe diesen Flur entlang
Durch meinen ganzen Gedankengang
Nur mein Schatten der mich begleitet
Und dann fällt er an die große dunkle Wand

Da sind so viele Bilder
Gedankenkreise und verlorene Worte
Ich kann sie nicht deuten
Es fällt mir schwer sie zu ordnen
Wie lange ist die Dauer dieser Nacht
Ist die Zeit denn endlos in der ich gerade bin
Ich suche doch finde keinen Ausweg
Bis der Morgen erwacht

Und ich wandle durch den Saal
Ich verliere die Erinnerung
Einsam in diesem finsteren Raum
Alles wirkt so leer um mich herum

Da verschwimmen so viele Bilder
Nichts ist mehr wirklich klar
Alles wirkt einer Veränderung
Nichts ist mehr so wie es mal war

Wie lange ist die Dauer dieser Nacht
In der ich endlos scheinbar gefangen bin
Ich finde keinen Ausweg wo ich auch suche
Ich hoffe, dass ein neuer Morgen erwacht

Wenn Es Sein Muss Auch Allein

Meine Gedanken – meinen Emotionen
Gleichen oft nur einem Traum
Nächstes Mal da will ich mir trotz der Wunden
Wieder mehr aufbauen

Meine Narben sind ein Zeichen
Meiner ganzen Erinnerung und Vergangenheit
Doch ohne diese keine Zukunft
Mein Weg bis hier war hart und weit

Hoher Flug und harte Landung
Auf dem Boden der Realität erwacht
Viel riskiert und viel gegeben
Nichts bekommen so habe ich oft gedacht

Mein Weg kann nicht umsonst sein
Er kann es nicht sein
Beim nächsten Mal komme ich zurück
Auch mit F32.9 – wenn es sein muss auch allein

Ich kenne nun die Tücken
Die miesen Fallen der Dämonen und Gespenster
Bevor sie mich befallen in der Nacht
Werde ich wach sein und warte schon am Fenster

Liebe Leserinnen und liebe Leser,

ich hoffe Sie hatten eine gefühlvolle und tiefgehende Reise durch den Band ENTGEGEN DER ZEIT – Anthologie des Lebens.

Lassen Sie die gesammelten Eindrücke durch meine Schriftstücke, im Innern bei Ihnen ankommen.

Schenken Sie den Texten die Möglichkeit, Sie zu erreichen.
Ich freue mich wirklich sehr, wenn ich Sie liebe Leserinnen und liebe Leser erreichen konnte. Denn das Schreiben ist mein Leben – und es ist für mich immer wieder erfreulich, Sie in den Bann der Lyrik einzuladen und sie zu begeistern.

Beschrieben mit all unseren menschlichen Gefühlen, Situationen und Gedanken, möchte ich Ihnen immer stets aufs Neue zeigen, dass weder Sie alleine sind noch ich es bin – in manch einer Situation, wo uns dieses Gefühl vielleicht überschatten mag.

Ich wünsche Ihnen eine gute und angenehme Zeit, bis zur nächsten Reise.

Herzlichst Ihr,

Christian Hofmann

Christian Hofmann, geboren am 5.3.1986 in Biedenkopf bei Marburg, schreibt seit dem Jahr 2006 Texte aus dem und über das Leben.

Mit dem zweiten Band der Trilogie ENTGEGEN DER ZEIT – Anthologie des Lebens, hat Christian Hofmann ein weiteres Stück einer Episode verfasst.

Themen die in diesem Band beschrieben und thematisiert wurden, sind aus verschiedenen Situationen im Leben entstanden.

Herstellung und Verlag:
BoD - Books on Demand, Norderstedt
ISBN 978-3-7519-3620-0